U0454440

人工智能与精益制造

AI技术、精益思想、六西格玛方法赋能先进制造

[美] 迈克尔·乔治（Michael L. George, Sr.）
丹尼尔·布莱克维尔（Daniel K. Blackwell）　◎著
小迈克尔·乔治（Michael L. George, Jr.）
迪内什·拉詹（Dinesh Rajan）

孙卓雅　孙建辉◎译

LEAN SIX SIGMA
IN
THE AGE OF ARTIFICIAL INTELLIGENCE

中国人民大学出版社
·北京·

前　言

　　能生存下来的物种不是最强的，也不是最聪明的，而是那些对变化反应最积极的。

——查尔斯·达尔文

　　我在2001年写了第一本关于精益六西格玛的书。该书已售出100多万册，并以11种语言在全球出版。精益六西格玛以丰田生产系统为基础，成为工业和军事领域应用最广泛的改进过程的方法，开创了第三次制造业革命。第一次制造业革命是使用蒸汽机取代人力驱动机械设备。第二次制造业革命是亨利·福特以最低的成本批量生产单一车型的汽车。丰田生产系统以接近福特制造单一车型的低成本，制造了各种各样的汽车。精益六西格玛结合了利特尔的周期缩短定律，使丰田生产系统适用于任何行业和任何过程，包括产品开发、项目管理等。此为2001年时最顶级的水平。

　　人工智能（AI）经历了50多年的科学发展，直到2007

年，辛顿（Hinton）教授的"训练"方法才使得深度神经网络成为一种实用的工具。[1] 到 2012 年，亚马逊、微软等公司已经有了云计算的高速培训课程。与个人电脑相比，它的廉价计算能力提高了 100 倍。计算能力的突飞猛进使人工智能首次应用于大数据。大数据包括所有产品和服务的所有工程、会计和 ERP 数据。

在第 1 章中提及的人工智能数据挖掘的早期应用表明，在数据挖掘中其实存在着大量的损耗，并且无法被精益六西格玛（LSS）发现。第 2 章对于一款致力于减少乃至杜绝损耗的全新开发的人工智能工具进行了描述。杜绝损耗不仅提供了巨大的潜在利润增长，而且创造了一个可以防御竞争对手的商业模式。在云计算的帮助下，人工智能正在引领第四次制造业革命。著名的人工智能风险投资家李开复博士说："人工智能的发现时代已经结束，取而代之的是其实施贯彻的时代。"[2] 在人工智能出现之前，商业活动是由劳动力和资本这两个生产要素来运作的。现在，人工智能已经被证实是第三个生产要素。如果一家公司同时具备这三种生产要素，那么它的表现就会优于只使用劳动力和资本这两个生产要素的竞争对手。自 2001 年以来，过程改进这一领域已经发生了明显的变化，企业和军队也必须改变。查尔斯·达尔文估计也同意，人工智能需要一种生存所必需的反应。

取代美元的数据。在第 1 章的案例分析中，通过对于大数据的 AI 分析，航空航天机器加工企业 73％ 的设置损耗主要来源于小批量零件上，而它们仅仅带来了 19％ 的收益。这个发现令人震惊。在云计算的帮助下，AI 神经网络找到了常见的损耗模式，并随后将这种损耗降低了 50％～75％。人工智能最大限度地降低了作业车间制造的成本，正如第 2 章所述，这在以前是一个难以解决的数学问题。它使得不增加直接人工、投资或者管理费用的情况下，产能可以直接提升 10％～20％。而这仅仅是个开始，EBITDA（税息折旧及摊销前利润）的增量约为 30％。请注意：在这个案例中是使用数据完成的模拟，并非美元。

规模经济。 由云计算支持的人工智能的另一个优势是，减少的浪费是可规模化的。人工智能减少损耗的数量随着产品复杂性的增加而增加。在第 2 章中，你会学到：零件数量越多，神经网络越大，减少的浪费也越多。云计算中运行的神经网络是可规模化的：现在有可能将每年生产超过 2 万种不同零件的工厂的车间制造成本降至最低，并已经广泛应用于较老的大型公司和军事仓库。安全问题可以通过服务器的内部网或"仅防御"云来解决。[3]

非制造业的应用。 如第 13 章所述，人工智能和神经网络还可以检测产品开发、项目管理和其他非制造业应用中的常见模式。虽然减少损耗的方法发生了变化，但最终结果是一样的：使用人工智能相比于仅使用精益六西格玛，可以使公司的成本和生产周期减少更多，因此更具有竞争优势。

学习人工智能。 我们在第 1 章和第 2 章中提供了一个实际的案例研究，展示了 AI 和 LSS 的应用如何将 EBITDA 从收入的负 3％提高到正 20％。第 3 章到第 6 章会介绍人工智能和云计算的结合是第四次制造业革命的基础。第 7 章至第 10 章提供了一个管理概述，详细阐述了神经网络和深度学习如何降低成本并获取更高的利润。英特尔首席执行官曾明智地写道：

> 几乎每个你能想到的公司、每个应用程序，都会受到人工智能的影响……你必须使用人工智能，否则将被其他使用者超越。[4]

这本书是由那些把人工智能应用到业务流程中的经理们，为那些想要学习如何在人工智能新时代更好地竞争的高管和经理们所写的。它也是为那些把参与人工智能实施和专业并持续的改进过程之旅作为下一个重要步骤的 35 万个精益六西格玛黑带和 120 万个绿带编写的。市场上有很多关于人工智能的优秀书籍[5]，但没有一本是关于如何利用人工智能增加利润的。这本书进行了详细的解释并且给出了这一问题的答案。在第 1 章和第 2 章中，作者明确说明了人工智能与利润之间的关系。

中国的挑战。人工智能除了在制造行业中体现出教学价值以外，还有相关的经济和国防价值。[6]《国家人工智能研发战略计划》指出：

> 人工智能可以创建更智能、更快速、更便宜的生产流程，从而提高员工的工作效率，提高产品质量并降低成本。[7]

4

2015 年，中国宣布了"中国制造 2025"战略，届时中国将主导全球制造业。这一战略的核心是第四次工业革命，其中包括克劳斯·施瓦布（Klaus Schwab）博士在同名书中所描述的关于人工智能的应用。[8]

2017 年，中国发布了"新一代人工智能发展规划"：

> 人工智能的迅速发展将深刻改变人类社会生活、改变世界。为抢抓人工智能发展的重大战略机遇……按照党中央、国务院部署要求……制定本规划。[9]

一个关于人工智能应用于工业领域的所有论文的评论显示，有 44％的论文是由中国人写的，而 29％是由美国人写的[10]，并且这一差距还在扩大。

2018 年 9 月 6 日，在旧金山举行的人工智能大会[11] 上，谷歌中国前总裁、风险投资公司创新工场创始人李开复博士发表了题为《中国：人工智能超级大国》的主题演讲，并表示：

> 中国人这一仗打得很努力，竞争也不像美国那么温柔……如果下一个大市场在火星上，并且在最好的美国高管和中国高管之间产生竞争，恐怕是中国高管更胜一筹。[12]

李博士只是阐述了自己的观点，即火星上的中国高管可能比美国高管拥有更好的人工智能装备，因此，由于使用了全部三个生产要素——劳动力、资本和新的人工智能，中国高管将拥有竞争优势。李博士在 2018 年出版的《人工智能超级大国》

一书中写道：

> 我相信，中国在发展和部署人工智能方面，将很快赶
> 上甚至超过美国。在我看来，人工智能部署的领先地位将
> 转化为自工业革命以来从未见过的生产力的增长。

事实上，这本书的目的是修正人们这种对人工智能认知的
不平衡。第1章和第2章的案例研究表明，这是可以实现的：
"航空航天"公司失去了一家中国供应商起落架部件的订单，
但他们通过降低成本和周期时间，再一次将所有这些业务从中
国赢回来了。李博士说：

> 人工智能驱动的工厂将削弱发展中国家历来拥有的经
> 济优势：廉价劳动力。[14]

由云计算赋能的人工智能正在推动第四次制造业革命。就
像之前的三次制造业革命一样，早期应用者将以牺牲竞争对手
为代价获得不成比例的市场份额和利润增长。[15] 我们以开篇
所述来结尾：我们相信孜孜不倦地阅读这本书将说服你遵循达
尔文的智慧，成为人工智能的早期应用者。

迈克尔·乔治

目　录

引言　大脑对神经网络和深度学习的启发

我们都了解那些任务明确的计算机程序，如会计、工资、ERP 等。但我们的大脑似乎并没有使用这个任务明确的程序，而是学习了一种算法。你或许读到过一个关于雪貂的著名实验。在这个实验中，通往动物听觉皮层的神经被切断并且被视觉神经所取代。实验结果是雪貂走起路来摇摇晃晃，直到它学会通过经验来判断，使用听觉皮层而非视觉皮层。换句话说，大脑有一个学习算法，无论是看、听，等等。附图是对人脑和神经网络深度学习的比较。神经网络可用于使作业车间制造、产品开发等的成本和周期时间最小化。神经网络通过"深度学习"来实现这点，一个让计算机无须编程就能学习的过程。

那么机器是如何学习的呢？它通过经验来获得知识，就像我们的大脑一样。例如，当我们试图优化制造产品的顺序来让准时交货的成本最低时，发现这个问题在数学上是无法解决的。我们通过一种被称为"分支定界法"的费力的迭代方法可以找到近乎完美的解决方案。对于真正的工厂来说，即使是最快的个人电脑，整个过程也需要很长时间。我们使用"云"来处理分支界定法，就能解决制造过程中的数千个示例问题。我们对神经网络提出一个训练问题，然后由神经网络估计出哪个零件号生产序列的成本最低。这在大脑图像中显示为"输出"，我们用这个输出与"云"训练示例输出进行比较。神经网络产生的错误成为了一个"损失函数"，通过从输出到每个权重的箭头来改变每个节点的权重，直到其输出与训练示例匹配，从而减少损失函数。这就是所谓的反向传播，也就是神经网络的学习算法。因此，神经网络从这个训练示例和云计算中成千上万个其他示例中学习。那么，现在如果神经网络遇到的情况不同于任何这些训练的例子，它将在不到一秒的时间内提供一个准确的、比设置时间低出 75％ 的随机设置输出序列。

神经网络已经被研究了几十年，但直到 2012 年才被证明是一种实用的工具。那么到底发生了什么呢？我们感兴趣的是提取数据的特征，而这些特征可以用来标记数据。这在以前是一个需要花费数月时间的人工过程，但深度学习使消除这种人工过程成为可能。注意图上的符号"第 i 层隐藏层"。这一层是"隐藏的"，因为它既不是输入也不是输出。现在通过将"深度"增加到"$i＝1，2，3$"甚至更多个隐藏层中，我们能够

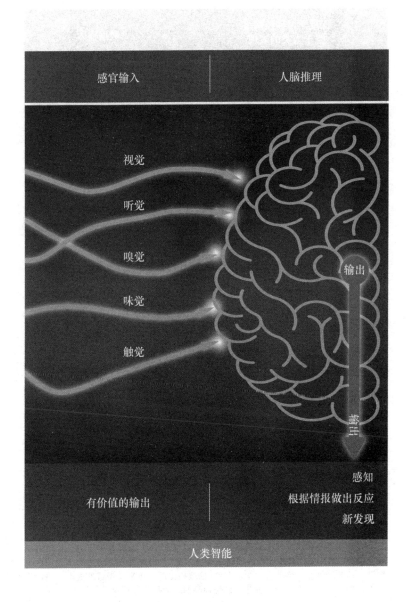

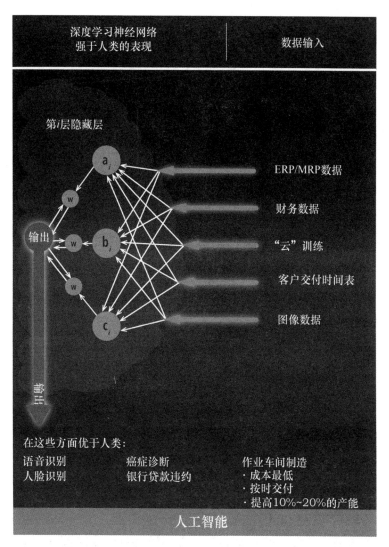

人类在感知和新发现中变得卓越。神经网络（NN）从经验中学习，并没有明确的编程。NN 接收离线计算的"训练解决方案"。当解决方案的成本不如训练方案那么低时，神经网络就会"学习"，并修改输出的权重来实现最低成本。当一个新的问题出现时，这种学习方法可以使神经网络的代价最小化。

自动提取数据的特征，这就是所谓的深度学习。这是一个比单层人工机器学习方法更实用的解决方案。这些权重被保留下来，构成了机器的"学习"。考虑到许多具有竞争力的方法，多伦多大学的杰奥夫·辛顿（Geoff Hinton）教授等人用了大约 5 年的时间，在 2012 年的模式识别竞赛中证明了神经网络优越的能力，从而化解了长期以来对神经网络的批判。

因此，深度学习神经网络是一个实用的工具，通过不同的实例来继续显示其优越性。在图的右下角，我们提供了几个应用深度学习的例子。神经网络在语音和人脸识别、恶性肿瘤和良性肿瘤诊断，以及决定哪些客户应该获得贷款等方面都优于人类。本书所讨论的作业车间制造的优化远远超出了人类的能力范围，这点让深度学习的神经网络优于人类！那么人类的角色是什么呢？人类不像神经网络那样，一次只能思考一个领域。在图的左下方，我们注意到理性使得人类可以在多个领域感知不同的机会，做出明智的反应，并发现全新的解决方案。

第 1 章 人工智能数据挖掘实现了 EBITDA 的转变

以下是我给一家航空航天公司股东写的一段话，出现在他们 2017 年的绩效审计中（为保护竞争数据，公司名称未披露）。18 个月中，他们的 EBITDA（税息折旧及摊销前利润）从－3.6％变为＋19.5％：

> 生产喷气发动机和起落架的精密加工部件，主要用于波音 737 和空客 A320 飞机。参考我们的审计财务报告第 16 页，公司 2016 年 EBITDA 为收入的－3.6％。得益于人工智能数据挖掘和精益六西格玛，尽管 2017 年第一季

度亏损，但公司 2017 年的 EBITDA 为收入的＋11.2％。2018 年第一季度的 EBITDA 为收入的 19.5％，我们预计 2018 年及以后会进一步增长。由于业绩的改善是如此的显著，对于感兴趣的股东我们附上了一份公司活动改进的清单，该清单解释了 2017 年的成果。所有的改进都来自对 ERP 系统中所有 1 000 个零件号的"大数据"的创建和分析，而这些零件号从来没有被用来指导降低成本。数据中发现的模式最终使得人工智能在 2018 年成为发现浪费成本的诊断工具，就像 MRI 检测癌症一样。

在任何过程改进的应用中，无论是精益六西格玛还是人工智能，关键因素是得到认可，以及高层和中层管理人员的参与。你的管理团队的表现证明了他们的敬业度，以及一个团队凝聚起来的力量。我们正在利用神经网络和机器学习扩大人工智能在制造业中的应用。

迈克尔·乔治

改进指标和财务业绩

在人工智能数据挖掘的引导下，精益六西格玛的 10 个关键绩效指标在 2017 年出现了转机。

你可能首先会问，"对于一家 EBITDA 为收入的－3.6％的公司来说，过程改进之旅真的有必要吗？"如果告诉股东公司正处于"水深火热"之中，债务缠身，无法扭转局面，可能会更容易一些。包括沃伦·巴菲特（Warren Buffett）和彼得·林奇（Peter Lynch）在内的大多数伟大投资者都认为"形势不会好转"。我们选择听从有史以来最伟大的经营者的建议：

> 我们的政策是绝不允许与我们有利益关系的公司破产……我们的计划是留在这个机构里，照顾它，借钱给它，改善设施，降低生产成本，利用时间和耐心给我们的机会，带来成功的可能……一些受挫的商人应该知道，只要保持细心和耐心，即使生意陷入了泥潭，也能在这种情况下大有作为。
>
> ——约翰·洛克菲勒（John D. Rockefeller）[1]

我们认为洛克菲勒的建议适合我们所处的境况。我和洛克菲勒都信仰基督教，我们认为上帝会在我们困难的时候指引我们前进的方向。所以我们决定继续前进，给公司贷款，并应用下述的 10 个人工智能精益六西格玛过程改进指标。

十个精益六西格玛指标

1. 管理团队： 让管理团队参与过程改进。团队成员必须积极参与项目的选择和进度审查。

2. 人工智能数据挖掘： 使用四分位分析去除异常值。创建一个大数据电子表格，提供每年生产的所有 1 000 个零件数量的全部会计成本细节，不考虑数量。

3. 现金流改善：将使用拉式系统的收入增加到 20%。

4. 劳动效率：衡量实际劳动成本与验证和修正过的会计准则；每日处理不利的成本偏差。调查异常数据来源并对其进行改正。

5. 报废成本：从收入的 10% 降到不足收入的 3%。

6. 全面生产维护：将机器的"正常运行时间"从 88% 提高到 99%。

7. 减少设置时间：减少 25% 以上因设置时间所造成的损耗。

8. 员工士气：将对公司的负面印象从 62% 降低到 5% 以下。让所有员工参与过程改进。

9. 税息折旧及摊销前利润：从收入的 −3.6% 增加到收入的 +20%。

10. 在制品库存周转：增加 50%。减少 50% 的周期时间并将准时交付率提高到 90% 以上。

将管理层的注意力集中在这 10 个指标上就可以创造出一个获利颇丰的公司，同时也为通过人工智能获取更高的利润提供了必要的数据基础。

管理团队

扭转公司经营状况的第一步是检测首席执行官的能力，并全面展开减少浪费和缩短周期的计划。在检测能力这方面，公司可以使用沃伦·巴菲特 20 多年来一直强调的伟大 CEO 的三大品质：

> 当我们聘用首席执行官时，我们看重三点：智商、精力和正直。如果他们不具备这最后一点，前两个会置你于死地。[2]

这家"航空航天"公司的新任首席执行官具备上述三个品质，但对精益六西格玛知之甚少。然而他充分意识到公司业绩不佳，并全力支持过程改进。到 2017 年年中，他已是一位久经考验、卓有成效的领导人。他创建了一个高效且有凝聚力的管理团队，并在几个月内将管理费用减少了收入的 4%。

人工智能数据挖掘

人工智能数据挖掘提供了一个大数据全局视图，其中包括企业中所有相关的成本和定价数据、生产的每个部件编号的工厂利润率，以及常用的盈亏平衡分析。同样，它能查看每个工作站从原材料到成品的周期时间。这点与 2000 年的精益六西格玛形成了鲜明的对比，那时的精益六西格玛基于丰田汽车的重复生产模式。精益六西格玛源于我 1986 年对丰田的访问。看到通用汽车需用 4 个小时设置好一台 2 000 吨的冲压机，而丰田仅用了不到 10 分钟，我感到震撼。这使丰田在保持同样的成本效率的同时能够将批量生产规模减少 90% 以上，并避免零部件在立即装配到汽车底盘上时出现磕碰和生锈。不过，在丰田的每一台压力机和每一台机床的使用寿命中，只生产出十几个不同的零件号，也就是说这是高度重复的制造。所有丰田使用的独特方法，如四步快速安装（参见《精益六西格玛工具实践手册》第 223-226 页）都是工程密集型的，它们只能在重复的生产环境中产生高回报的投资。

美国制造商通常同时生产新产品和备件，他们既能做重复性的生产，也能做非重复性的生产。为了获得丰田所拥有的优势，精益六西格玛使用帕累托分析法（参见《精益六西格玛工具实践手册》第 142-144 页）后发现，20% 重复的零件就可以创造 80% 的收益。如果我们将创造 80% 收益的部分更加高效地生产出来，我们将取得巨大的进步。而我们错误地认为剩下的 80% 的零件不值得我们去费心，因为这些零件只能创造 20% 的收益。这种方法在 Caterpillar、ITT Night Vision、H. B. Fuller Coatings 公司和其他公司都非常有效。但是，海军学院（Naval Institute）在 2018 年 6 月 14 日的"美国海军学院新闻"中写道，在舰队准备中心每年生产的 5 万个小批量零部件中，有 20% 出现延误，"这是绝对不能接受的"（导致"飞机停飞待件"等）。

精益六西格玛忽略了收益中 20% 的所有损耗，没有在剩余 80% 的零件号上使用大数据。我在 2015 年第一次认真学习人工智能的时候，是从分析设置时间损耗的大数据开始的。我惊讶地发现，73% 的设置损耗集中在 20% 的小批量生产的收益中！这种非增值的设置浪费了机械师的宝贵时间，这些时间本可以用来生产更多的零件和消除短缺。

这促使我们开发了第 2 章中所说的通用设置还原法，它适用于具有成本效益的小批量生产，并且至少减少了 50% 的之前被忽视的浪费成本，总容量增加了 11%，整体周期时间减少了 14%，利润增长了 30%。

基本要点：精益六西格玛不经意间把大部分大数据变成了"暗数据"，因为我们从来没有关注过它。精益六西格玛没有全面评估成本和浪费，而是专注于部门层面的价值流图，并让六西格玛黑带负责消除本地层面的浪费来源。幸运的是，多元处理个人电脑的出现和云计算的可用性使得基于数百万单元的电子表格的全方位企业绩效评估变得快速和简单。我们将在第 2 章讨论云计算，它使一个特定的人工智能应用程序在作业车间制造中成为可能，而这在以前是完全不可能的。

重要的第一步是消除"异常值"，这些异常值通常与数据的收集方法有关，而与成本或过程本身无关。例如，一台机床被观察到大约有 4 个小时的设置时间，报告的设置时间是 163 小时的绩效打卡时间。后来发现，原来是接线员忘记打卡下班了。所有这些"异常值"的成本，无论高还是低，都被排除在进一步的分析之外。在统计学中，从数据中去除异常值的方法有很多，其中最有效的方法之一是四分位距（IQR）。这个过程可以通过使用 Excel、MATLAB 或其他类似程序计算 IQR 来实现自动化。[3] 因为 163 小时的设置时间比 1.5（IQR）=

$1.5 \times 8 = 12$ 小时更长，所以它将被排除。去除异常值可以有效地检查公司的实际业绩。

回想一下，"航空航天"公司 2016 年的 EBITDA 是收入的 -3.5%。对 1 000 个零件号的数据分析反映出了一个非常不稳定的定价过程。实际的定价工作不在 ERP 系统上。相反，它被储存在一个文件柜里，用铅笔手写在纸上，混乱不堪。例如，我们发现定价通常不包括可消费工具的成本，而这一部分是收入的 7%！

我们的新工厂控制人员能够创建一个大数据电子表格提供数据，而该电子表格提供了来自 ERP 的当前成本标准，并将其与通过工资系统报告的实际成本进行了比较。他发现，与我们从车间收集的数据样本相比，两者在劳动力、材料、测量单位等方面都存在巨大差异。在运营副总裁的帮助下，他实施了一份按零件编号划分的每日过剩劳动力报告和一项"对策"计划以更新 ERP 数据，并将劳动力成本降至标准水平，这也成为了早上 7：30 会议的主题。

精益六西格玛关注的是"至关重要的少数"，而不是所谓的"无关紧要的多数"

这个巨大的电子表格很快让我们把注意力集中在"至关重要的少数"上，而不是所谓的"无关紧要的多数"。这是拯救一家无利可图的公司的重要的第一步。帕累托分析显示，总共 1 000 个零件号中，180 个零件号贡献了 80% 的收入。如果我

们用这 80％的收入来解决定价和利润问题，就不会再陷入洛
克菲勒所说的"泥潭"。我们误以为剩下的 820 个零件号是
"无关紧要的"，所以迟迟没有处理。我们指派了一位有 20 年
经验的工程师来估算这 180 个零件号的成本，他只用了两个月
就得出了结论。他首先隔离了所有测量单位和背景差异，并创
建了一个自动查找表来纠正 ERP 数据库中的错误。与此同时，
新的控制人员与运营副总裁一起工作，以提高操作员在作业中
和作业外打卡的准确性。这两项举措表明，我们的投标过程低
估了许多产品的价格。一种大批量生产的产品的价格为每件
22 美元，估计费用为 12 美元。材料和直接人工的实际成本是
26 美元，包括加工成本。我们修改了价格，每件 53 美元，但
仍然保住了这个业务。通过把责任交给了解当前制造过程的资
深工程师，我们修正了整个投标过程。在过去，市场营销人员
单独提供报价，其中许多信息是不对称的。有些报价过高，导
致盈利业务的损失。正确的定价让我们能够解满足 10 个精益
六西格玛的下一层指标：

1. 负现金流：在销售停滞的情况下，库存每季度无情地
增长 10％，耗尽了我们所有的现金。

2. 准时交付率＝50％，平均延迟交货 90 天，导致客户非
常不满意。

3. 劳动效率占新标准成本的比例比预期低 20％。

4. 收入的报废比＝7％～10％，这曾是未投标、未跟踪，
且未知的。

人工智能对所有零部件成本的大数据挖掘清楚地表明，在这四个指标的支持下专注于正确的定价，可能会使一家原本负债累累且无人问津的公司变为一家受人尊敬的盈利公司。我们当时不知道的是，人工智能对全部 1 000 个零件号的数据挖掘表明，我们对"至关重要的少数"的帕累托分析遗漏了"无关紧要的多数"中包含的一些重要的成本。这一"惊喜"实际上恰恰激发了克劳德·香农（Claude Shannon）咨询理论中的"咨询方程"。[4]

现金流改善

企业失败的主要原因之一是现金流不足。通过减少原材料、在制品和成品库存投资可以立即改善现金流。更高的 EBITDA 和更少资本支出的增量利润将有效改善长期的现金流。

减少原材料、在制品库存和生产周期

库存拉式系统。该公司一直在使用传统库存管理的推式系统。在该系统中，尽管机器已经被繁重的工作所淹没，原材料仍被放到在制品（WIP）里。该公司聘请了乔治集团（George Group）前精益六西格玛顾问丹尼尔·布莱克威尔（Daniel K. Blackwell）来实施一项"拉式"系统，以控制库存并防止现金的流失。工人们在一开始并不知道先做什么工作。丹尼尔

发现，劳动力花在了那些几个月都不能发货的工作上，而那些本该在当月发货的工作却被分配给了很少的劳动力，甚至根本没有被分配劳动力。该公司有 49％ 的货物平均延迟 90 天。四名拿高薪的管理人员被要求接听愤怒客户的电话，而营销人员不敢打电话销售或询要更多的订单。丹尼尔设计了一个拉式系统，所有的机器都被规划用 10 天的工作时间完成生产，否则就将停止发放原材料。经过三个月的拉式系统的实施，回流了一个多月原材料的成本，节约了资金，并且防止了未来的现金流失。我们的现金流改善了，对供应商的付款也同样得到了改善。许多供应商过去经常对公司赊账，这常常妨碍了生产，但这个问题将很快得到解决。在利特尔定律的帮助下，WIP 缩短了我们的周期时间，并提高了准时交付率。[5]

利特尔定律。 这个定律是由麻省理工学院的约翰·D. C. 利特尔博士（Dr. John D. C. Little）发现并从数学上加以证明的（见图 1 - 1）。

$$\frac{生产周期时间}{（以天为单位）} = \frac{在制品数量}{每天退出在制品成为成品的数量}$$

（式 1.1）

"在制品数量"所允许的最小值在第 2 章中有计算，这将允许对市场期望的在制品数量与实际的在制品数量进行比较，并提供一个关于工厂周期时间必须改进多少的准确估算。期望的在制品数量与实际的在制品数量的比率称为在制品关键比值（见第 2 章式 2.7）。

图 1 - 1 利特尔教授与本书作者磋商

（从左至右）迪内什·拉詹（Dinesh Rajan）和约翰·利特尔教授与迈克尔·乔治于 2016 年在麻省理工学院。

图片来源：迈克尔·乔治。

在精益六西格玛的所有工具中，拉式系统和利特尔定律对准时交付的初始贡献最大。通过拉式系统将在制品数量减少50％，同时保持每天的生产能力（式 1.1 中的分母）不变，制造周期时间将减少50％。如图 1 - 2 的实际数据所示，在承诺日期的准时交付率已提高到90％以上。

一旦公司的准时交付率持续达到90％以上，客户就不再要求检查工作进度。四个人的工作变成了一个人的兼职工作，进一步降低了间接浪费成本。

线性度

不使用在制品上限拉式系统的公司不会收到关于库存和周期时间的车间反馈。人们经常听到这样的说法："如果我们早点

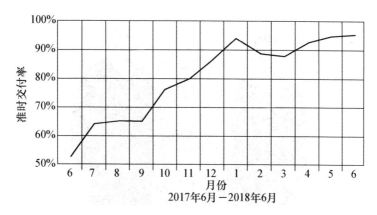

图 1-2 精益六西格玛使准时交付率在 12 个月内从 52%提高到 96%

运用于现实中的利特尔定律：由于实现了拉式系统并减少了设置时间，从而减少了批量大小、在制品数量和周期时间，因而提高了准时交付率。

开始工作，我们就会早点完成，所以让我们开干吧。"这听上去很自然，也是一种直觉。然而，在这种逻辑下，增加高速公路上汽车的数量可以使交通更顺畅。

这种所谓的直觉也违背了利特尔定律的数学原理。美国国际电话电报公司（ITT）前首席执行官卢·朱利亚诺（Lou Giuliano）曾经说过："精益让你做出不自然的行为。"利特尔定律无疑是反直觉精益思维的基础。

不使用在制品上限拉式系统的公司有一个共同点：他们在每个月的最后五天完成的产品要比前五天多得多。因此，整个月并不是"线性"地生产产品。他们在月底进行一次"大推进"。经理们疯狂地将材料"堆"到机器前，以完成一项工作并立即交付，但这将推迟下个月所安排的其他工作。他们随意开 50%的加班费，向供应商支付巨额的催缴费并且尽可能降低外部零件的加工费用。对于迟交的订单，他们采用高成本的隔夜发货来降低客户的不满。他们还从其他订单中"偷取"零件以满足本月的需求。这些行为都将下个月的订单置于危险的境地。拉式系统消除了这些浪费成本，加快了生产周期和准时交付，同时无须增加成品库存。因此，线性度是所有公司都应该使用的衡量公司健康状况的重要精益指标。Teledyne 公司甚至把月财务报表改为周财务报表，要求管理人员每天报告手头的现金情况。我们建议使用以下指标来衡量线性度："每天完成了多少美元的收入？是否发货？"

这个定义很重要，因为许多客户只允许在每月固定的一天发货，有些客户的需求可能需要用无法上市的安全库存去完成，因此，我们建议跟踪每天和每周越过"终点线"的产品的产值。图 1－3 显示了使用拉式系统之前每天完成的成品量。

请注意：这个月的第一周非常轻松，周产量是月总产量的 10％，但工资成本一分不少。与此形成对比的是，当月最后一周的产量占到当月总产量的 52％以上，管理层和员工被加班和压力搞得精疲力尽。月底的峰值负荷会导致一些机器过载，造成瓶颈——因此需要更多人员和设备——这个瓶颈会在下个月转移到其他机器上。一个很大的风险是品质管理部门可能会漏掉一些有缺陷的部件，这些部件可能会在月底完成的"一大波"中发给客户。此外，巨大的压力迫使管理团队在工厂里"英勇地"跑来跑去，将在制品送到机器前，打断机器并增添

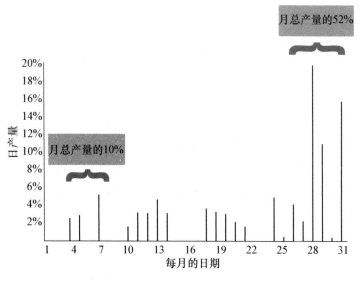

图 1 - 3　生产线性度不足

生产线性度不足：只有 10％ 的总产出在每月前 5 天完成，超过 52％ 的产量在每月最后 5 天完成。这里的线性比例是 5.2，理想情况下是 1。

设置，还加快诸如电镀、热处理等外部过程。疲惫的员工和管理层，就像一个在拳台上酩酊大醉的拳击手一样。这为下个月的第一周留下了隐患。相比之下，如图 1 - 4 所示，由于每组机器的在制品都有上限，所以拉式系统产生了更线性的流动。这对质量控制、操作人员和管理团队的压力较小。

　　这样就不会再出现需要更多的人力和设备、加班和其他浪费的情况。剩余 5％ 的非线性部分是客户因竞争对手未能按时发货而面临的严重不足所造成的无法预测的"加单"或"提前交货"。终于，月末"赶工"这种激动人心的英雄主义行为结束了，取而代之的是常规的卓越表现和为应对意外客户挑战而

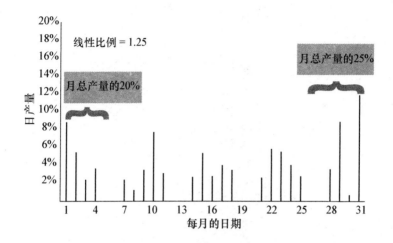

图 1-4　改进后的日产量占月总产量的百分比的线性关系

　　拉式系统实施后，前 5 天完成月总产量的 20%，后 5 天完成月总产量的 25%，线性比例为 1.25，降低 76%。

储备能量。彼得·德鲁克（Peter Drucker）睿智地写道：

　　管理良好的工厂是一件无聊的事情。没有什么令人兴奋的事情发生，因为危机在预料之中，一切变成了例行公事。

　　我们现在要说的是，危机是由拉式系统而不是预期机制来预防的。更多的时间可以花在培训、过程改进、全面生产维护和赢得更多的优质订单上，所有这些都是因为做到了准时交付和整个月的发货线性。

　　拉式系统的好处之一是每个操作员都知道下一步应该做什么工作，例如 LB 车床的拉式工作站的工作（见图 1-5）。在实行拉式系统之前，操作员可以选择运行 20 到 30 个作业中的

At Location | Scheduled For Location | Engineered | Current Location | Routing | To Be Released | Pull System Values | Update 4-Block | 5. Enter - When complete, move jobe to next operator | Material Maintenance | Location Maintenance | Location Demand | Pull Group Chart

1. Select Pull Group Locations   2. Locate Next Job to Run   3. Verify 4 Block   4. Enter - Next Job to Run

Hot	Priority	Location	Job No.	Specific Machine	Final Part No.	Assy. Part No.	Assy. Op.	Job Op.	Job Qty.	Assy. Qty.	Total Hrs.	Hrs. Left	M	T	G	P	Status	Notes	Next Op. 1	Next Op. 2 Inspection Department
	1.0	LB CELLS - Pull Group	50219		56-870	56-870	0	90	356	356	29.8	29.8					In Progress		PART MARK - Pull Group	Cleaning Tanks
	4.0	LB CELLS - Pull Group	49270		9045441	9045441	0	60	1100	1100	66.7	66.7					In Progress		DEBURR - Pull Group	Cleaning Tanks
	22.0	LB CELLS - Pull Group	49800		9045463	9045463	0	60	500	500	31.0	31.0					In Progress		DEBURR - Pull Group	4VA - Pull Group
	39.0	LB CELLS - Pull Group	D-49815		183199-001	183199-001	0	80	15	15	3.0	3.0							560 Mills - Pull Group	4VA - Pull Group
	43.0	LB CELLS - Pull Group	48962		2681914	2681914	0	50	127	127	30.3	26.3					In Progress		LB CELLS - Pull Group	4VA - Pull Group
	52.0	LB CELLS - Pull Group	49451		2683033	2683003	1	70	120	120	26.2	26.2							LB CELLS - Pull Group	4VA - Pull Group

图 1－5　接下来要做的工作

电子表格的屏幕截图，此表用来确保操作员总是知道下一步该做什么工作。

任何一个，而且他们通常运行最简单的作业，除非"要解除燃眉之急"的主管另有指示。在推式系统下，只有在每月的最后一周主管才会设定正确的优先级。而在拉式系统下，优先事项在每天的每一小时都是显而易见的。一名工人回忆教练文斯·隆巴迪（Vince Lombardi）的要求，所有的格林湾包装工人必须彻底学习他们的操作手册，他说道：

当你不知道该打哪的时候，你很难有攻击性。

有了拉式系统，每个操作员都"知道该往何处发力"。拉式系统显然是实现准时交付的最重要因素之一。劳动力从此不花在不能在 30 天内出货的材料上。

图 1－6 显示了拉式系统对每月完成的成品的线性度的结

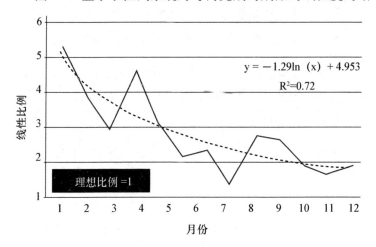

图 1－6　2017 年线性比例的改善

线性比例＝每月最后 5 天完成的产值（＄）/每月前 5 天完成的产值（＄）。理想比例为 1。虚线为最小二乘拟合，显示了一个向理想值不断下降的比例。

果，用每个月第 4 周完成的产值（以美元计）除以第 1 周完成的产值。

忘记不好的建议的重要性。 我大学毕业后的第一份工作是一家当时全球最大的半导体公司，该公司每个月都会"大力赶工"来安排工作。有些月份被重新定义为需要 32 天来满足目标收入！有一次一个订单没有完成，但还是按照一位副总裁的要求发货了，这位副总裁还附上了一张签了字的纸条："我欠你 3 000 个 2N404 晶体管。"这些丰富多彩的故事成为了该公司英雄传说的一部分，而奇怪的"月底"赶工现象则成为了该组织的基石。当我表达自己稚嫩的疑惑时，他们是这样向我解释的：

> 每个月就像撑杆跳高。你沿着跑道跑 28 天，在第 29 天你把杆子卡在洞里，第 30 天你起跳。

但是你已经了解了这种方法的成本浪费、客户不满意度和给人们造成的痛苦。这是一个最好能通过在每个公司使用拉式系统和利特尔定律而被遗忘的教训。

劳动效率

我们的工厂控制员与运营副总裁合作，一起培训操作员，帮助他们学会准确地每日上下班打卡，并每天都监督他们的表现。这使我们能够每天用 180 个"至关重要的少数"帕累托零件作为标准，测量车间的效率与劳动标准的对比，并在工作出现问题和超标时立即采取对策。我们会收集和分析前一天的数据，并在每天早上 7：30 的生产会议上，与到场的操作员和工程人员讨论对策。将会议中讨论得到的改进方法加入 ERP 系统的制造方法当中，防止类似的问题再次发生。图 1-7 和图 1-8 所示的 2018 年 4 月的示例显示，在车间应对措施的影响下，设置时间效率（占标准的百分比）整月都在上升。因此

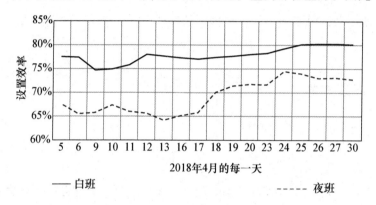

图 1-7　设置效率

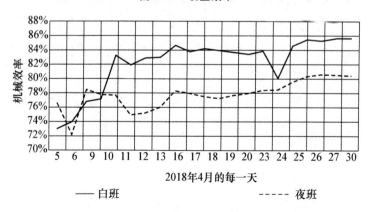

图 1-8　机械效率

夜班的工程人员需要格外注意。

大多数加工设备都希望能达到80％的工作效率。这意味着花费在设置、加工和全员生产维护（TPM）上的时间，占他们工资单时间的80％。那些保持警惕的团队用每日的应对措施打破了这一上限。由此导致的效率正斜率的增加意味着单位时间内生产能力的增加。这一结果使利特尔定律的分母增加，减少了制造周期的时间，从而能更好地准时交付货物。

报废成本

丰田对待缺陷的方法是革命性的：

> 每一个缺陷都是一笔财富。

当一个缺陷被发现时，它意味着一个好消息的诞生：如果能找到对策使这个问题不再出现，就会给公司带来永久的利润。阻止这个缺陷重复出现的方法可以从每日例会的"对策"中讨论得出。与过去常常将缺陷归咎于操作员不同，公司采取对策的步骤如下：

1. 监督员和工程师评估零件号操作员的制造方法，消除并改进其中易出错的步骤，使重复制造完美的零件成为可能。

2. 更好的对策是防错法预防措施（poka-yoke）[7]，这样就可以避免错误再次发生（见图1-9）。

3. 检查计量、原料和工作指导书是否有缺陷：修复那些有问题的地方。

4. 确定有缺陷的零件号何时重新使用，并为操作员准备预防文件。

5. 在零件下一次生产开始之前，对于那些有需要的操作员进行二次培训。

请注意，不要斥责那些操作员。

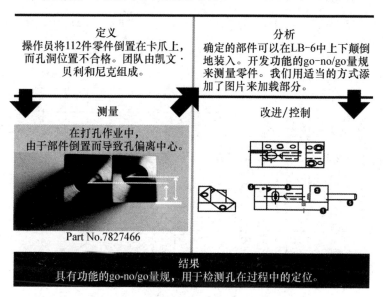

图 1-9　用于消除错位的新衡量标准

该图总结了一个多相项目来识别和消除缺陷的来源。

从废料中挖掘出多余的废料。 在进行低重复和小批量的加工时，大约 2% 的浪费一般是不可避免的。这个浪费是因机器为了满足第一批产品的规格要求进行调整而造成的。但是由于我们没有用正式的六西格玛对策程序来确定根本原因，也没有用过程改进或者培训方案来防止问题再次发生，我们有 7%～

10％的报废率。我们新来的质量控制经理（QC）全身心投入
到过程改进的方案当中，她立即与运营副总裁一起制定了对
策。他们指派我们最博学的一个机械师作为培训师。虽然他不
再负责具体的工作，但他的专业知识和他本人的价值，在整个
员工团队尤其是在新员工中成倍地增长。这些对策使平均报废
率从约占收入的 10％下降到不足 3％，从而显著提高了产能，
降低了成本（见图 1－10）。

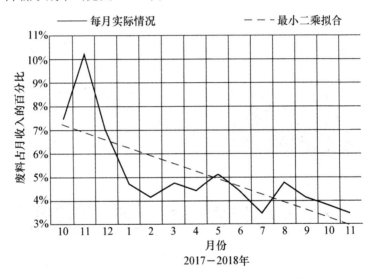

图 1－10　废料的减少（按每月收入的百分比算）

AS9100 质量审核结果显著改善

航空航天公司发现，以前的质量体系，如 ISO9001，并没
有满足客户的具体要求。因此，美国国防部、美国国家航空航
天局、美国联邦航空局，以及包括波音公司、洛克希德·马丁

公司、诺斯罗普·格鲁曼公司、通用电气飞机引擎公司和普惠公司在内的航空航天公司作为航空航天工业的标准化质量管理系统于 1999 年 10 月由汽车工程师协会和欧洲航空工业协会发布。每年它们都会进行一次定量指标的审计，来衡量供应商的业绩质量是否符合标准，决定供应商的去留。能否通过每年的审计对公司来说是生死攸关的大事。我们 2017 年的审计结果非常差，这使我们在 AS9100 资格评选中的境地进一步恶化，甚至可能会导致相关业务关闭。我们新的质量控制经理组建了一支优秀的团队来反映我们的进步，并提高我们在这个重要的审计中的分数。2018 年审计的结果（来自 AS9100 网站）如图 1-11 所示。"航空航天"公司的分数从 6 分增加到 14 分（满

2018 年 AS9100 审核结果

分数：14/15（比 2017 年增长 8 分）

调查结果：15 处轻微不达标（在车间里不达标为 0！）

审核员的记录：

- 员工和小时工都很懂行，十分优秀。
- 训练项目和通信系统十分优秀。
- 设施展示方式得到了很好的改进，内务管理有了显著改善，订单行和产品流似乎更加有效。
- 客户满意度达到优秀的标准。
- 这些显著的改进是由上至下全面检查和重建管理的结果，以团队为基础的凝聚力环境和氛围非常好。
- 在与管理层和团队成员的多次访谈中，他们都表现出了"可以做到"的态度。
- 他们现在准备就绪，并有望成为航空航天行业的领导者和主要供应商！

图 1-11　审核结果

分 15 分)！这将成为我们最有利的宣传手段，同时也是保持我们企业正常运营的重要组成部分。

全面生产维护

这家工厂机器停止工作的时间超过了 12％，或者说机器正常工作的时间低于 88％。不考虑设置时间或者材料和工具短缺等工艺缺陷，光是这一项就让工作效率降低了 12％。我们的目标是让机器 99％ 的时间都在正常工作，而这需要我们花费 14 个月按照中岛（Nakajima）的指导原则去一起努力。[8]工厂范围内指标是指**设备综合效率**（OEE），即机器正常运行时间所占的百分比，标准时间内的工作效率，以及合格产品所占的百分比，将这三个因素相乘得到的设备综合效率一般是 50％。

机器上线时间的多少一般是影响 OEE 最大的因素。为了完成生产计划，工人需要额外花费 12％ 的时间加班用来弥补机器停机的时间所造成的损失。如果工厂不允许加班，则需要通过加大每次处理的数量来完成任务，从而减少操作员设置时间的占比。这有效地阻止了计划内的机器停机来执行预防性维护，而预测性维护则不在考虑范围内。正如第 2 章中关于批量大小的计算所示，机器停机时间对在制品的库存有非线性的负面影响，并且根据过利特尔定律还会影响周期时间。由于车床能力的进一步提升，包括诸如高马力铣削功能和两到三转台的车床的出现，车床变得更加高效和灵活，但同时也有了成为单点故障的隐患。随着技术的进步，传统维护人员的能力远远达不到维护100％正常运行时间所需。因此，需要在操作员、工程师和质量控制经理的共同参与下，改进机器的设计。该系统被称为全面生产维护（TPM）。图 1－12 显示了一些隐藏的问题示例，这些问题让管理层感到震惊，TPM 团队解决了车床当中的这些问题。

图 1－12a　TPM 事件地点

这是 Okuma 车床 LTM1，是 TPM 事件的对象。
图片来源：迈克尔·乔治。

图 1－12b　TPM 事件中暴露的第一个问题

研究小组发现，左上波纹管有一个大洞能让芯片进入到关键的滚珠丝杆中。
图片来源：迈克尔·乔治。

图 1 - 12c　TPM 事件中暴露的第二个问题

直线导轨的轴承/卡车坏了。花了两个星期拿到零件，然后又花了两个星期重建 ZB 轴球轨道（这是属于两个人的工作）。

图片来源：迈克尔·乔治。图 1 - 13 显示了许多 TPM 事件的集合结果，按最坏的问题在先的顺序进行排序。

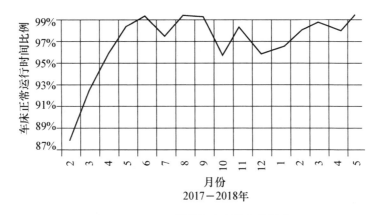

图 1 - 13　TPM 团队努力所带来的影响

改善车床正常运行时间：达到完美的道路很崎岖，乃因缺乏对故障的预测。

TPM 的局限性。虽然使用 TPM 在改善机器正常运行时间方面取得了很大的进展，但是在计划中的维护期间，仍然偶尔会发生随机停机现象。这就是正常运行时的一些"颠簸"，这些颠簸必须由过剩的机器容量来弥补。解决这个问题的方法在于**预测性维护**，在这种维护中，可以发现早期故障的数据模式。这是第 12 章的主题"人工智能通过预测维护防止机器停机"。

减少设置时间

正如第 2 章中所讲，快速设置是丰田公司仅生产所需车辆的四分之一就可以实现盈亏平衡的关键。四步快速设置法通常被认为是丰田生产系统的核心。设置时间的定义如图 1 - 14 所示。

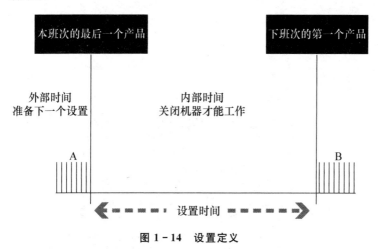

图 1 - 14 设置定义

设置时间是从一个零件号生产的批次的最后一个好产品到下一个零件号生产的第一个好产品的时间。这包括质量控制部门接受零件首件所需的任何时间。

丰田汽车每周都会生产大量的同种零件，相比之下，一家典型的航空航天公司生产将近 1 000 个不同的零件，其中大部分零件平均每三个月才会生产一次。这种差异反映了喷气发动机和起落架中不同种类零件数量之巨大，同种零件每年只生产几千个。而对于汽车发动机的零件来说，每年会生产 10 万件种类较少的零件。丰田认为**设置比**（作业时间除以设置时间）应该大于 4。我们在一组 6 台 Okuma LB 数控车床上进行实验（如图 1 - 15 所示）。产品 AI 数据挖掘的半年数据如图 1 - 16 所示。在 C 列中，38 个零件号的设置比为 9.7，这是一个非常优秀的实验结果（请参见突出显示的单元格 C8）。尤其是所浪费的 73% 的总设置时间都是在生产只产生 20% 收益的小批量零件中消耗的（C4/（C4＋E4）＝0.73＝73%）。这些数据被"至关重要的少数"的帕累托分析完全忽略，却被大数据分析注意到了。73%，这个包含着香农宝贵信息的数字，给所有人带来了惊喜！每家公司的大数据都有类似的惊喜。

图 1 - 15　Okuma 车床

这是 Okuma LT15 车床，它有两个心轴，两个转台，24 种工具。
图片来源：迈克尔·乔治。

		C	D	E	F	G
	File "Part Jobs 100117 to 032318...04 21 2018" (this is for 6 months of revenue)					
	Tab "LB Setup Data Summary"					
	Cell references to Tab "LB Setup Data"					
	(Machining Time)/ (Setup Time)	>4		<4		Total
1	Number of P/N	38	Row2-39	114	Row42-157	152
2	Revenue $K	1558	J39	1049	J155	2607
3	Total Revenue					2607
4	Cum Setup Hours	542	I39	1502	I135	
5	Cum Machining Hours	5282	K39	1855	K155	
6	Total Setup+Mach Hours	5824		3357		
7	$K Revenue per hour	0.268		0.312		
8	Mach hours/Setup Hours	9.7	D41	1.2	H158	
9	AVG Factory Margin %	25%	E40	22%	E156	
10	$Factory Margin	390		231		
11	Total $ Factory Margin	620				
12	Avail Hours with 75% Setup Red			1126.5		
13	Factory Margin with 75% redn			28%	F163	
14	$ Factory Margin			294	E163	
15	Additional Revenue $K	301		352		
16	Additional $FM at 28%	75		99		
17	**Total $FM**			392		
18	Current EBITDA at 20% of Revenue					521.4
19	Projected EBITDA with setup reduction					620
20	% increase in EBITDA with no increase in FM%					19%
21	Additional $FM at 45% due to labor reduction			158		
	Projected EBITDA with setup reduction with FM= 45%					680
	File "LB 45% Margin March 28 FS"					30%

图 1-16　零件作业比率分析

C8 右手第二个单元格中的数据，即单元格 E8（突出显示的部分），显示 114 个小批量零件号的设置比为 1.2。换句话说，车床在 4 小时的设置过程中所花费的时间与在 5 小时的增值作业过程中所花费的时间一样多。以前的管理层是如何处理这个问题的呢？他们先设置 4 个小时，然后用机器加工一批零件 16 个小时，这大约相当于一年的预期使用量。因此，设置时间将摊销超过 16 个小时，但只有 4 个小时的作业量将被发货，其余将进入库存。这导致了高额的短期"被报告的"利润，极为糟糕的现金流，以及长期的损失，因为生产的许多部件实际从未售出却又不得不被勾销，而这算下来一共要占年收入的 20%（参见图 1-17）。

图 1 – 17 未售出的成品

这是每年批量生产但从未售出的成品库存的一部分，它构成了数百万美元的销记。在接下来的三个月里，将批量生产的产品数量增加四倍显然是一个冒险的对策。很明显，一个月批量大小是刚好的，因为它不能被取消。这对于大批量"至关重要的少数"来说是合适的，但是对于 80％的小批量零件号来说，目前的成本效益不是很好，因为这些零件号的设置时间不能通过丰田的方法有效地减少。在第 2 章中，我们将展示人工智能如何用廉价的通用设置方法来解决这个问题，同时能减少 50％～75％的小批量产品型号的设置时间。

图片来源：迈克尔·乔治。

这 820 个小批量生产零件每年可能只会重复制造三次，如果用丰田公司工程密集型减少设置的方法，则会亏损很多。

当前的管理层明智地决定用提高价格的方法来支付代表三个月业绩批量生产的成本，而不是一年"预期"的需求。这一提案只能被看成是非最佳的短期解决方案：目标必须是一个月的批量，并且设置比大于 4。此方案将在下一章中讨论。

哪些是"无关紧要的多数"?

在第 1 章中,我们决定将所有的努力集中在"至关重要的少数"上:用 20％的零件获取 80％的收益。我们的精益六西格玛帕累托分析将需求较低的小批量生产零件号作为"无关紧要的多数"抛在脑后,因为它们贡献的收入不到 20％。然而,应用于全世界企业层级的人工智能大数据分析揭示了一副不同的景象(如图 1 - 16 所示)。因为它不仅考虑了帕累托收益,还把所有潜在浪费参数都考虑在内。

● 在第二行中显示了需求量大的零件贡献了 150 万美元,是整个公司 6 个月的收入。而需求量小的零件也贡献了 100 万美元。

● 在第四行中,生产需求量大的零件所需设置时间为 542 个小时,而生产需求量小的部分则需要 1 502 个小时(占总数的 73％)。

如果你用每种类型部件的设置时间除以收入,你会发现每赚取一美元,生产需求量小的零件的设置时间是生产需求量大的零件的 4 倍。如果我们能将需求量小的零件的设置时间节省1 000 个小时,公司可以把节省下来的时间用于加工作业,并在不增加劳动成本的情况下,每年收入增加 10％以上。在工厂利润率为 30％的情况下,这相当于在没有增加人员或机器的情况下,每年增加 10％的 EBITDA! 这使得整个 EBITDA

在收入中的占比从 20％提高到 30％。

因此，那些看起来"无关紧要的多数"，其实十分重要。

规划工作过程的建立时间及其后果

一家姊妹航天航空公司如果要生产起落架防热罩，需要把所有车间必需的文件放在一起，而每一包文件需要整理 20 分钟。每个文件包组件的典型样品副本如图 1-18 所示。

这需要一个极有经验的人把文件包中的内容组合在一起。准确性是至关重要的，因为错误的修订会百分百导致机器报废。文件包也就不可避免地需要公司高层人员（通常是总裁）的签名。平均每天发放 6 包，共 2 小时。这项工作通常是在繁忙的一天结束时完成的，一旦一个包的零件编号被发出，工作人员就希望尽可能长时间地看不到它。这就导致了即使再制造过程中没有比加工设置更重要的设置，也大批量地生产某一零件。用文书流程设置时间作为车间周期时间的驱动，这十分常见。

在旧的系统中，由于文书文件经常会丢失，所以不得不重新创建这个文件，并希望能恢复文件丢失之前所执行完的步骤。另外，如果质量控制员（QC）调出错误的文件，他可能会用错误的尺寸数据来检测零件。最常见的问题是，QC 没有标记相对应的文件，因此无法对生产出来的零件进行良好的审计跟踪，而导致这一批零件可能都存在问题。更糟糕的是，由于没有良好的审计跟踪，该公司可能会失去 AS9100 评级资格，

图 1-18　文书工作过多的典型

　　文件夹需求清单是在电脑上填写的，然后将两份副本打印在厚纸做的文件夹上，一份用于工作文件夹，另一份用于检查文件夹。工作文件夹包括客户订单的纸质副本（未显示）和图纸的纸质副本。当项目通过工厂时，所有其他的需求（例如证书的纸质副本）都被添加到工作文件夹中。所需的纸质检查表格被打印出来并放在检查文件夹中，检查文件夹随后被存储在检查室的一个文件抽屉里，那里可能有多达 200 个开放的作业，包括所有的几十个用于装配的子部件。当操作员带着一个零件来检查时，质量控制员会找到文件夹，然后在所附的每一张表格上盖上相应的检验章。所有这些完成的纸质表格都会被保存至少 7 年。所有这些纸质步骤都被计算机的自动化所取代了。

甚至有可能像前文所述的，失去订单。

我们再次聘请了丹尼尔·布莱克维尔来分析问题并提出解决方案。他的解决方案是把所有的表格都放到电脑上，并编写一个程序把每个零件号和一组特定的文件包信息联系起来。该文件包通过电子手段发送到车间，并应用一个可视系统来观察零件在任何时候的位置（见图1-19）。之后所有质量管理印章都附上个人电脑代码。工厂总共安装了6个54英寸的屏幕来显示这个系统，为了便于大家查看"目标"。

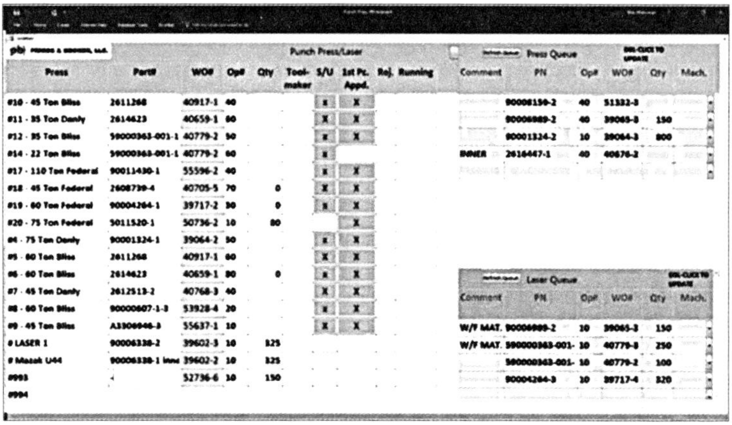

图1-19 与文件包信息相关的计算机程序（屏幕截图）

在安装新的电子文件包发送系统后，管理订单输入人员仅需1分钟来修订此文件包，无需任何额外的管理时间。条形码扫描调出正确的数字能让整个过程防错，这点已经通过超过一年的无错误文件包得到了验证。它进一步减少了批量大小和周期时间，因为重复看到相同的文件包零件号对管理或车间没有任何影响。这在采购过程中也有类似的例子可以证明。[9]

员工士气

正如我们上面提到的，一个失败的公司往往也会辜负员工的期望。这家"航空航天"公司每个月的第四周都要加班。员工们纷纷抱怨这样加班会使他们不得不推迟假期或者错过孩子们的足球比赛等等。在采用日常的度量标准和工程与质量控制的对策之前，很少有组织有计划地去解决员工在生产产品的过程中遇到的问题。当管理层全身心投入到提高机器工作效率的工作当中，人们的态度很快就发生了变化。我们开始组织"全体员工会议"，大家讨论了很多问题，并总结出了对管理层来说具有挑战性的态度和想法。精益六西格玛是关于数据驱动的管理。士气应该是可以被量化的，最好可以以数量计算。我们使用了时下流行的调查工具 surveymonkey.com，结果显示员工的平均积极率从 2016 年底的 59％ 的低点上升到 2017 年底的 80％ 以上，并且还在继续上升（见表 1 - 1）。

表 1 - 1　员工调查结果

	2016 积极率（％）	2017 积极率（％）
交流/反馈		
当我好好完成我的工作时，我会得到肯定和赞扬。	51	73
在组织内部信息和知识都会开放共享。	33	62
组织领导愿意听从下属的意见。	45	80
我的上司/经理对我的表现给予了有价值的反馈。	66	78

人工智能与精益制造

续前表

	2016 积极率（%）	2017 积极率（%）
在我这个部门上司与下属之间的沟通很好。	39	72
我认为我可以把最真实的想法表达出来，不需要顾及后果。	41	66
团队合作		
我感到大家都在为共同目标而努力。	62	75
团队合作是被这个组织推崇且实践的。	59	63
我的同事们都立志于做有品质的工作。	69	92
在我这个部门队员间都彼此信任。	68	88
工作满意度/员工参与		
我清楚地知道我应该做什么。	88	97
我了解我的工作会对客户和组织的目标有什么样的影响。	94	98
大部分时间我都期待去工作。	57	75
公司的宗旨和目标让我感到我做的事情很重要。	74	91
我愿意帮助这个组织成功。	90	97
工作中，我的想法被认可。	43	68
我会告诉别人这个地方是理想的工作地点。	56	83
工作环境/优先级别		
在我这个部门工作环境良好。	78	95
在这个企业中质量位列最高优先级。	66	91
我有完成工作所需的全部材料和工具。	47	75
这个组织崇尚安全第一。	67	86
我们公司认为客户满意度至关重要。	88	98
管理/监督		
我的上司/经理对我很关心。	71	89
我的上司/经理对待全部员工都很平等。	67	83

续前表

	2016 积极率 （%）	2017 积极率 （%）
在我这个部门偏袒是一个问题。	36	20
我认可团队高层做的决定。	52	75
改进趋势		
今天的我们比一年前要棒。	38	98
今天的我门比五年前要棒。	17	80
总平均分	59	80

最后一项"改进趋势"可能是最重要的一点。在 2016 年 12 月的时候只有 38% 的人认为公司比去年好，而到 2017 年 12 月的时候已经有 98% 的人认为公司比 2016 年好。这是所有员工值得骄傲的经历。这样，我们就满足了低于 5% 的负面感觉指标。帮助员工获得自豪感的这个过程改进同样适用于军队中。以下是我最近收到的关于海军航空兵在 2004—2007 年实施精益六西格玛的评论：

> 我认为，是您的出席，使得 2018 年 7 月举行的 NA-VAIR 精益六西格玛研讨会大获成功，我也相信这将是一个很好的机会，能让我们所有人重新联系彼此。回顾我在 NAVAIR 30 多年的时光，这些绝对是我职业生涯中最棒、最有意义的一次经历。
>
> ——阿伦·海门（Allen Heim），NAVAIR 精益六西格玛培训前副总裁

税息折旧及摊销前利润

随着精益六西格玛在减少浪费和鼓舞士气方面的改进，公司在税息折旧及摊销前利润（EBITDA）方面也取得了进展（图1-20）。如上所述，我们没有裁掉任何工人，只裁掉了效率低下的主管，减少了废料、设置时间和管理成本。

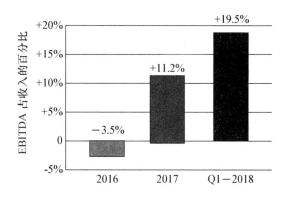

图1-20 EBITDA的提升

在制品库存周转

图1-21显示了上述所有改进对库存周转的影响。这是一个基本的精益产出指标，显示出明显的改善，超过了我们所定的50%的增长目标。

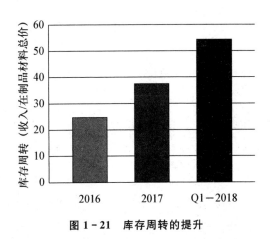

图 1 - 21　库存周转的提升

小结

我们的投资者、管理层和员工听从了洛克菲勒在这一章的开头提供的建议，如他在实践中所做的那样，耐心地"降低生产成本"，从而取得了他承诺的结果。我们把一家失败的公司变成了一家在不断增长的市场中拥有巨大前景的好公司。

前面的路。显而易见，公司在短短的 18 个月里取得了很大的进步。然而全面人工智能数据挖掘过程发现，73％的设置浪费集中在小批量生产的"无关紧要的多数"零件号上。如果用传统的精益六西格玛四步快速设置法来减少这些浪费反而会得不偿失，所以必须设计一种新的方法，我们会在第 2 章中加以说明。

我们的目标是使用人工智能来消除这种小批量生产的设置

时间的浪费，节省下来的劳动力可以用来创造更多的收入，将 EBITDA 利润率从 20％提高到 30％。如果竞争对手率先应用人工智能，并将通过人工智能节省的成本转还给他们的客户，我们的利润将会减少 10％，同时公司的市价会降低 50％。

"人工智能优先"的目标。我们必须成为我们行业中第一家采用人工智能并消除浪费的公司，这样才能创建一个有"护城河"功能的商业模式。

下一章将奠定用人工智能来显著减少剩余浪费方法的基础，包括应用神经网络和深度学习来解决超出人类自身和数学能力范畴的问题。

第2章　只有人工智能才能消除的浪费

有人可能会说："税息折旧及摊销前利润（EBITDA）占收入的比例增加23％已经足够好了！精益六西格玛难道还不够好吗？"然而，我们的目标是帮助你成为第一个使用人工智能建立一个有"护城河"功能的商业模式的人，任何竞争对手都无法打败这种模式。正如李开复博士所说：

> 随着我们进入人工智能的时代，这种残酷的环境将成为中国构建机器学习驱动型经济的核心财富之一……渴望盈利的企业家将与人工智能专家合作，将深度学习变革性的力量，应用于现实世界的工业中。[1]

这一章将会举一个具体的例子，告诉你在一个行业中应该"做什么"来实现这个目标。这本书剩下的部分会告诉你"如何做"，并提供一些对你所处的行业来说有用的建议。

回想一下，全面人工智能数据挖掘过程发现，73％的设置浪费是由设置时间成本和生产小批量零件的数量成本造成的，而这些是精益六西格玛无法解决的。这些浪费的成本会被转移到消费者身上，使产品的售价更高。为了减少每个零件的设置成本，公司生产小批量零件号将只满足三个月而不是一年的生产需求。部分产品库存仍然存在风险，不过这个风险显然比生产一年的客户需求和面临更大的库存风险要低。到目前为止，最好的解决方案是减少设置时间，只生产一个月的客户需求。因此，我们需要开发一种成本更低的减少设置时间的方法，并让其效率是丰田的工程密集型四步快速设置法的75％。这一目标可以通过人工智能来实现。节省下来的劳动力和设置时间可以用来生产更多的产品并大幅增加利润。根据利特尔定律，更高的生产速率将会减少生产周期时间并提升准时交付率。这通常会让一家公司的EBITDA从20％增长到30％。任何存在大量非增值性浪费的公司都面临巨大的风险：如果竞争对手率先使用人工智能，在人工智能的帮助下他们消除了浪费，节省下来的成本就可以降低产品价格、获得更高的利润，或者两者兼得，从而有助于竞争。正如李开复博士所说：

（中国）取得了令人瞩目的成就，但与人工智能的力量相比，这些成就将黯然失色……人工智能只是初步应用在中国市场，但它就像人类刚刚掌握电力一样：它将改变游戏规则，推动各个行业的发展。[2]

将丰田的工程密集型四步快速设置法应用在我们的小批量零件生产上是不切实际的，因此我们只能应用人工智能。有些人错误地认为人工智能减少的只是设置时间当中"杂乱无章的细节"：

　　　　但是，中国人对乏味重活积极的工作态度为中国在人工智能时代的领导地位奠定了基础。通过沉浸在"杂乱无章的细节"中，这些公司帮助中国成为了世界上人工智能的领头羊……而人工智能是推动这个技术时代的关键。[3]

"航空航天"公司生产的 80％的产品型号平均每年只重复生产三次。我们的目标是使用人工智能生产小批量零件，使其效率接近于丰田生产大批量零件的效率。考虑到这一目标，我们将丰田生产系统所实现的效益，作为衡量目标进展的标准。正如第 1 章所讨论的，这些方法不仅适用于制造，而且也适用于产品开发、项目管理、医疗保健等。

读者请注意，在下　部分，我们将证明：

1. 在不损失输出能力的情况下，减少 50％的设置时间，增加 50％批量零件的产量并减少相应的周期时间。

2. 每 10％的浪费，需要增加 60％的零件数量来防止产能损失，但这样会导致库存和周期时间增加 60％。

3. 每当机器停机时间达到总量的 10％，需要增加 38％的零件数和库存量，并导致周期时间增加 38％。

如果你不想花时间在数学推导上，你只要记住这些重要的事实，然后跳过接下来的几页。如果你不相信这些非直观的结果或对这些结果感到好奇，请你继续读下去！

丰田的周期缩短和库存减少

图 2-1 中的时序图显示了为什么缩短设置时间是丰田生产系统的核心。一台机床需要 4 个小时来设置，包括更换工具和配件以及加工、检查第一个零件，设置时间通常被认为从开始直到下一个零件良好运转。机器会先完成 1 000 个零件 A 的批量生产。之后，同一台机器将在 4 个小时内，执行另 1 000 个零件 B 的批量生产。对于零件 C 和 D 也同理。在 56 个小时内，机器可以按照任何顺序生产四个零件，并根据需要重复这个过程。该机器在 56 个小时内生产了 1 000 个零件，也就是说，对每个产品型号来说，每小时生产 1 000/56＝18 个零件，这样在下游组装的时候，可以每小时使用 18 个零件，而不会出现零件短缺。

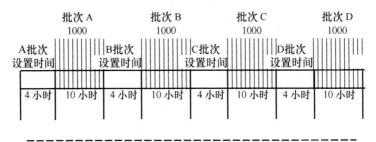

图 2-1　初始工作站周转

现在，假设我们能够用丰田的四步快速设置法将设置时间从 4 小时减少到 2 小时，结果如图 2-2 所示。我们现在拥有一个更灵活的流程，可以做到在将批量减少到 500 个的同时，每小时仍然可以生产（500/28）=18 个零件，每个产品型号在同一时间只生产一半的库存。这意味着我们可以以承担过去一半的风险的代价，用快一倍的检测速度检测到设置问题或者质量问题。

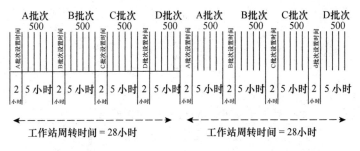

图 2-2　设置时间和批量大小减少一半后工作站的周转时间

而 2 小时的设置时间给了我们另一个选择。我们可以以每小时 9 个的速度生产 8 个不同的产品型号，而不是在 56 小时内生产 4 个不同的产品型号（见图 2-3）。

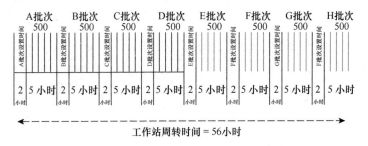

图 2-3　较少的设置时间为生产更多的品种提供了机会

如果这个速度足以满足下游的需求，那么我们就只需生产那些看板补货系统所决定的、存在即时需求的产品型号，这在本章后面会提到。减少设置过程直至设置时间为零，节省因设置时间造成的成本浪费，使得生产零件具有极高的灵活性，可以与亨利·福特的低成本和通用汽车的多样化相提并论。这种洞察力是丰田生产系统优于以往所有连续流系统的主要原因：

1. 亨利·福特系统：专用机器生产一个产品型号，没有设置成本，成本和价格都很低。这对没有任何变化的"实用型"交通工具的生产是理想的选择。

2. 通用汽车公司：大批量生产使机器生产不同的产品型号变得经济实惠。1926 年通用汽车击败了亨利·福特，因为人们愿意支付更高的价格来获得他们想要的各类功能。

3. 与通用汽车类似，丰田的目标是提供多种车型，同时通过将设置时间降到接近 0、批量大小接近 1 来实现亨利·福特的低成本。因此，减少设置时间是丰田生产系统的核心，同时还包括其他的辅助工具，如拉式系统、全员生产维护和防错法。

4. 丰田公司开发了四步快速设置法，别名六十秒即时换模法（SMED）。该方法不仅适用于大型冲床上的换模，还适用于车床上的工具更换、铣床、半导体工艺（如光刻、湿蚀刻和干蚀刻）和非制造业的过程（如产品开发、项目管理、采购和医疗保健）。[4]

废料对批量大小的影响

假设开始没有废料，然后突然之间产生了 10% 的废料零件（如图 2-1 的过程），那么每批零件需要增加多少才能让该流程以每小时 18 个零件的速度生产 1 000 个产品？大多数生产控制手册和物资需求计划（MRP）系统都建议增加 10％的批量生产数量。[5] 研究表明，10％这个直观的数字的错误率在 50％。我们假设在设置后加工一个零件的时间仍然是 10 小时/1 000 个＝0.01 小时，无论零件好坏。让我们以每小时生产 18 个零件用来满足下游的需求作为条件来求解未知批量大小 X，许多书籍和 ERP 系统认为是 1 100。但是未知批量大小 X 将明显增加整个工作站的周转时间（WTT）：

$$WTT\ x = 4(4+0.01X), X > 1\ 000 \qquad (式\ 2.1)$$

现在，我们将实施需求约束，即机器必须每小时生产 18 个零件，每个零件编号为 4 个，质量约束是，生产的零件只有 90％实际上是良好的零件，将满足下游的需求：

$$18 个零件/小时 = \frac{合格零件}{工作站周转时间}$$
$$= \frac{0.9X}{4(4+0.01X)} \qquad (式\ 2.2)$$

即：

$$18[4(4+0.01X)] = 0.9X$$
$$X = 1\ 600$$

因此，10％的批量增长不足以满足下游的需求，因为大量的时间被浪费在生产废弃零件上，由此导致批量非线性增长，需要增加 60% 来满足需求。参考第 1 章第五部分的"质量和报废成本"。你可以看到 10% 的报废率会导致高报废成本、逾期发货、设置成本增加这一恶性循环。这一现象随着库存越满，效果越显著。而在废料低于 2%、产能低于 80% 的时候，曲线还接近线性，因此第一件废料对于批量大小和周期时间影响是最小的。丰田已经写了一本关于防错的书，这就是丰田在这方面投入这么多精力的原因。

机器停机时间对批量大小的影响

假设图 2-1 过程中有 10% 的停机时间，就像第 1 章第七部分中的航空航天公司一样。由于损失了 10% 的产能，每个零件的加工时间将从 0.01 小时增加到 $[0.01/(1-0.1)]=0.011$ 小时。同样，我们将为满足下游需求每小时生产 18 个零件作为限制条件，由此计算出所需增加批量的大小。假设这里没有废料，并且生产的零件都是良好的零件，计算得到的 X 将作为新的批量大小。

$$18 \text{ 个零件/小时} = \frac{\text{生产出的零件}}{\text{工作站周转时间}}$$

$$= \frac{X}{4(4+0.011X)} \qquad \text{（式 2.3）}$$

即：

$$18[4(4+0.011X)]=X$$

$$X = 1\,384$$

10％的机器停机时间会导致批量大小和在制品数量增加38％，根据利特尔定律，周期时间也因此增加38％。而13％的停机时间则需要额外增加67％的批量大小来满足下游每小时18个零件的需求。这个因素解释了中岛撰写的关于全员生产维护（TPM）和设备综合效率（OEE）的三卷书中提及的为什么丰田耗费如此多的精力去消除停机时间。[7]

丰田工厂一般每天只执行两组8小时的生产轮班，在每8个小时轮班中间还有2组4个小时的维护轮岗。

此外，每个操作人员都接受了润滑、皮带拧紧和监听震动等日常维护培训。

一般情况下，每班约有20分钟用于生产维护这个任务，约占整个生产时间的4％。批量大小与停机时间的关系曲线在这个范围内是线性的。你可以向设备制造商咨询有关全面生产维护的建议。这里有一个Okuma车床日常维护的例子，操作员需要培训的内容有：

1. 检查液压，确保在4.5 MPa。

2. 检查液压油，确保处于正确的工作水平。

3. 检查卡盘压力，确保处于正确的工作压力。

4. 确保润滑油水平保持正常，如果有需要及时补充。

5. 如果数控车床有冷却系统，应确保冷却单元处于正确的工作水平。

6. 把碎屑从碎屑盘里清理出来，给任何需要涂油的地方刷油。

较长时间的日常维护需要由受过培训的 TPM 专家负责，每班维护 4 个小时。这也可能需要像图 2-4 中所示的"芯片传送带"一样重新设计设备。

每 3 个月：

1. 检查并润滑切屑输送机上的链条。

2. 检查并清洁冷却液罐上的过滤器。

每 6 个月：

1. 清理冷却液罐中的污泥、碎屑和油。

图 2-4　全员生产维护不足的例子

图片来源：迈克尔·乔治。

2. 把夹盘和钳口从机器上取下来清洗一下。

3. 检查液压油（根据需要更换）和更换液压过滤器。

4. 清洗散热器，确保散热器散热片是直的。

5. 清除轨道润滑油。

6. 检查机器，并确保其一直保持在要求的水平线之上。

以上这些步骤顺带给人工智能的预测维护提供了数据，而制造商到目前为止都还没有处理过这些数据，这点将在第 12 章中讨论。

这种 TPM 过程看起来可能显而易见，但大多数公司并没有遵循。图 2-4 显示了"航空航天"公司的一些例子。

基本要点：我们建议由一个第三方公司来审计贵公司的 TPM 过程。这是实现和保护公司的快速周期时间、生产能力、减少库存投资、降低生产成本的一个廉价的保险的方法。

废料和机器停机所带来的综合影响

通过式 2.3，我们可以很容易地计算出 10％的废品率和 10％的机器停机时间所带来的影响，而将分子中的 X 换成 0.9X 便可计算出废品率：

$$18 \text{ 个零件/小时} = \frac{\text{生产出的零件}}{\text{工作站周转时间}}$$

$$= \frac{0.9X}{4(4+0.011X)} \qquad \text{（式 2.4）}$$

即：

$$18 [4 (4+0.011X]=0.9X$$

$$X=2\ 666$$

因此，当 10％的废料率和 10％的停机时间同时存在的时候，在制品和周期时间将增加 160％！这些参数都在第 1 章 2016 年 9 月"航空航天"公司的例子中提及，这也解释了为什么该公司的税息折旧及摊销前利润（EBITDA）为 −3.5％，发货延迟率增加了 50％。

结论：

即使是将世界上最优秀的人才投入到十分恶劣的流程中，他们十有八九也不能适应。

——詹姆斯·马蒂斯（James Mattis），美国前国防部长[8]

工厂的生产周期

一旦我们知道了在制品数量和每个零件号从原材料到成品的工艺流程的离站率，我们就可以利用利特尔定律计算出厂的周期时间。这样做的好处是，我们可以预测减少设置时间、加工时间或每个零件的处理时间等对周期时间的影响。推导出计算在制品数量的公式是以需求、设置时间、设置后的单位处理时间等为变量的函数，如式 2.5 所示。式子包含了每单位的设置时间和处理时间的影响。

$$在制品数量 = \sum_{i=1}^{N} \left\{ \lambda_i \sum_{j=1}^{J} \left[\sum_{i=1}^{\eta} (\delta o \eta S_{ij} + B_i p_{ij}) \right] \right\}$$

（式 2.5）

其中：

i ＝产品号指示符号，从 1 到 N

λ_i ＝客户要求的 i 产品号的数量/小时

$\Lambda = \sum_{i=1}^{N} \lambda_i$，全部产品总需求的数量/小时

S_{ij} ＝ i 产品号在 j 工作站的设置时间

P_{ij} ＝设置后需要处理 i 产品号在 j 个工作站的时间

B_{ij} ＝ i 产品号在 j 工作站被处理的产品批量大小（允许废料和停机时间，如式 2.4）

j ＝工作站指示符号，从 1 到 J

零件可能被输送到已经非常忙碌的工作站。让我们假设当 i 产品号出现在 j 工作站，它必须等待 η 批次处理前第 j 个机器可以设置和加工这个零件，其中 $0 \leqslant \eta \leqslant N$。拉式系统中的数据可用于确定 η 的平均值，这里假设 $\eta \neq 0$ 时，$\delta_0 \eta = 1$；$\eta = 0$ 时，$\delta_0 \eta = 0$。

离散事件仿真。我们也可以通过建立工厂的详细模型来估计在制品数量。利特尔定律可以很好地应用于稍小的模型，因为对于整个工厂来说，应用利特尔定律需要花费大量的时间和精力，并且通常无法获得所需的统计数据。使用离散事件的次数不多（例如，Extend™、Arena™ 这些软件等），所以 WIP 数量与上述结果相当。因此，式 2.4 足以指导过程改进优先

级，并且比离散事件仿真更容易实现，还能自动更新会计数据。式 2.4 被认为是固定的，但它依赖于 ERP 系统所给的平均值。虽然在实际加工过程中会出现大量的对于产品型号的统计波动，但是根据大数定律[9]，全部 J 个工作站的数据都趋向于由利特尔定律预测的加工过程的周期时间的平均值，而离散事件仿真也恰恰证实了这一点。

我们的目标是通过过程改进来降低设置时间、批量大小，以及每个单元的处理时间。通过利特尔定律（式 1.1），这些措施按减少在制品和周期时间的程度从大到小排序。利用式 2.4 及利特尔定律得到的制造周期时间公式为：

$$\text{制造周期时间（小时）} = \tau \frac{\text{在制品数量}}{\Lambda}$$

$$= \frac{\sum_{i=1}^{N}\left\{\lambda_i \sum_{j=1}^{J}\left[\sum_{i=1}^{\eta}(\delta o \eta S_{ij} + B_i p_{ij})\right]\right\}}{\Lambda}$$

（式 2.6）

式 2.6 的价值在于，你能找到 J 个工作站中的哪一个对 WIP 数量和周期时间的贡献最大，并且作为影响过程改进的最大因素。

在制品关键比值。我们假设，在不增加成品库存的情况下满足客户需求，所需周期 τ_R 必须满足市场。假设某个产品型号的路由器当前在制品数量是 W_0，则所需（WIP）$_R$ 为：

$$(\text{WIP})_R = \tau_R \Lambda$$

（式 2.7）

而在制品关键比值减少为：

$$C_R\% = \frac{W_R}{W_0} \qquad\qquad （式 2.8）$$

根据顾客的周期时间，利特尔定律通过减少批量大小 S_{ij} 和 B_i，且让 $P_{ij} \geqslant C_R\%$，按 $\delta_{0\eta} S_{ij} + B_i P_{ij}$ 递减的顺序优先获得减少最多的那一项，为过程改进指明了方向。因此，利特尔定律和拉式系统让减少周期时间成为一门像天体力学一样的可预测的科学。在英特尔 Fab F23 制造工厂的马修 · 沃德 (Mathew Ward) 对利特尔定律的应用可以作为一个利用在制品关键比值的例子。[10]

确定任务生产周期时间的经验方法。除式 2.6 外，我们还需要知道某特定产品型号从在制品到成品的时长。人工智能拉式系统拥有每个拉式站点的在制品数量和每天在制品完成率的数据。因此，可以通过利特尔定律来确定每个拉式站点的平均延迟时间。之后我们就能用作业/产品型号的路由器来确定作业所经过的拉式站点，并简单地将每个拉式站点的利特尔定律结果相加。利特尔定律控制着平均的周期时间，但它也会有波动。根据上文提到的大数定律，在整个路由器上的各个工作站的波动都将相互抵消。

丰田快速设置单元中的生产

让我们首先回顾一下丰田汽车在单元中是如何以不到 2 小

时的设置时间来生产零部件的。单元是由一台或多台机器组成的小型组织，它用于探索同一机器上以相同路由路径和顺序流过的不同产品型号之间的相似性。这是一个连续流制造（CFM）的例子，它对于高度重复的单元制造非常理想，每周每个产品型号都在本单元中与共享一个公共路由器的零件相重复。CFM 将与作业车间制造（Job Shop Manufacturing，JSM）进行对比，在车间制造中，每个产品型号都流经不同的路径，每年只重复几次。制造单元确定了固定的人员和设备。在图 2-5 中，两名操作人员操作了 7 台机器并生产了流向相同路径的 10 个产品型号。

为了实现单件流动，设置时间必须大大减少到低于第 1 章第 7 项所述的 4 小时水平。让我们用四步快速设置法来了解丰田在每个产品型号上付出的巨大投资。得出的最核心的结论是，四步快速设置法是一种适合工程密集时使用的方法，仅在年重复率高（约 52 次以上）的产品型号上才有较高的投资回报比。我们在这里提供一个关于新乡重夫（Shingo）[11] 的例子，来证明如何通过使用丰田的方法将设置时间减少 75％以上。我们可以借鉴人工智能通用设置中使用的概念，用很少的投资实现同样的设置时间缩减。如果对大量生产小批量产品感兴趣，就像备件生产和航空航天生产的情形中所描述的那样，你会被后面的内容牢牢吸引住。由于人工智能和云计算的出现，适用于大规模生产小批量零件的通用设置方法变得十分重要。如果你对制造不感兴趣，略读后面的内容，并只需记住本

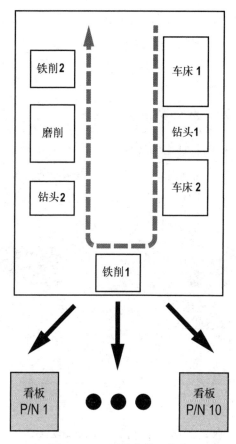

图 2-5　U 形制造单元布局

　　这是一个典型的 U 形制造单元的示意图。

章后面提及的人工智能通用设置方法可以在某个特定产品型号
上不花费工力的情况下，减少 75％ 的设置时间。此外，人工
智能方法，可以在产品开发、项目管理（后面的章节会讨论），
甚至心脏手术、采购等服务和交易的过程中发现共同的模式来

解决上述问题（参见"精益六西格玛服务"）。下面让我们回到
丰田减少设置时间的方法上来。

丰田的四步快速设置法

图 2-6 对设置时间的定义做了更详细的描述。在有限的
几个大批量生产的产品型号上使用工程密集的四步快速设置法
能让曾经长达 8.42 小时的设置时间减少到 2.5 小时。应用于
12 轴单转塔车床的四步快速设置法如下：

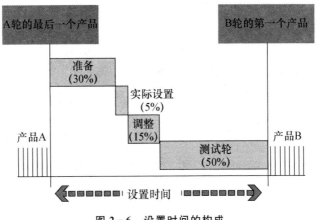

图 2-6　设置时间的构成

**步骤 1：观察当前设置，将步骤归类为"内部"或
"外部"**

设置过程中能被观察到的每个任务或者必须关闭机器才能
执行的任务被称为"内部"任务，而可以在机器运行时执行的

任务则被称为"外部"任务（见图 2-7）。

在整个 8.42 小时的设置过程中，机器都处于关闭状态。如任务 4，"找到原材料并运送到机器上"，这个任务是由机械师在机器关闭的情况下完成的，因此是"内部"任务。如果让主管或者工具库人员在机器完成当前运行前 3 小时交付材料，这个任务可以改成"外部"任务。这个更改在步骤 2 中执行。

任务#	任务描述	内部	外部
1	*Machine turned off - Setup Starts*		
2	Clean up machine area/table for next setup	5	
3	Gather tooling, fixture, jaws	120	
4	Find raw material and transport to machine	10	
5	Get computer cart to download program	5	
6	Download program into machine	5	
7	Return computer cart	5	
8	Fill out gage sheet and take to QC	5	
9	Insert jaws	30	
10	Prepare the jaws (cut to size)	15	
11	Load cutting tools and inserts	40	
12	Center tooling	60	
13	Touch-off tooling	20	
14	Back off tools a few thousands (cut undersize)	5	
15	Make necessary adjustments	60	
16	Setup gages for first part on machine bench	45	
17	Check part to gages and make adjustments	30	
18	QC inspects first part	45	
19	*Run parts*		
	分钟	505	0
	小时	**8.42**	0.00

图 2-7　四步法的第一步，描述当前状态

步骤 2：将内部转换为外部

有些任务目前是内部的，因此需要"关闭"机器来重组或

重新设计才能变成外部的，即可以在机器运行时执行任务（参见图 2-8 中的深色单元格）。如第 1 章 "7. 减少设置时间" 所述，这节省了 2.34 小时，并将设置时间减少到 6.08 小时。

任务#	任务描述	内部	外部
1	*Machine turned off - Setup Starts*		
2	Clean up machine area/table for next setup		5
3	Gather tooling, fixture, jaws		120
4	Find raw material and transport to machine		10
5	Get computer cart to download program	5	
6	Download program into machine	5	
7	Return computer cart	5	
8	Fill out gage sheet and take to QC		5
9	Insert jaws	30	
10	Prepare the jaws (cut to size)	15	
11	Load cutting tools and inserts	40	
12	Center tooling	60	
13	Touch-off tooling	20	
14	Back off tools a few thousands (cut undersize)	5	
15	Make necessary adjustments	60	
16	Setup gages for first part on machine bench	45	
17	Check part to gages and make adjustments	30	
18	QC inspects first part	45	
19	*Run parts*		
	分钟	365	140
	小时	6.08	2.33

图 2-8 四步法的第二步，将内部转换为外部

用深灰色表示的单元格实际上都是可以用常识性解决的组织问题。"掉球" 这一词出自美式足球，这些通常被称为 "掉球因素",是"减少一般设置"的主要工具。

步骤 3：使内部流畅

被视为内部的那些步骤可以通过诸如 Capto "单触点"工具架、快速安装卡盘或夹头等专用设备来缩短时间（参见图 2-9 中的深色单元格）。例子如图 2-10 所示，图底部有注释。这一步将设置时间减少到 3.67 小时。

任务#	任务描述	-内部	使内部流畅	备注
1	*Machine turned off - Setup Starts*			
2	Clean up machine area/table for next setup			
3	Gather tooling, fixture, jaws			
4	Find raw material and transport to machine			
5	Get computer cart to download program	5	5	
6	Download program into machine	5	5	
7	Return computer cart	5		(1)
8	Fill out gage sheet and take to QC			
9	Insert jaws	30	15	(2)
10	Prepare the jaws (cut to size)	15		(3)
11	Load cutting tools and inserts	40	10	(4)
12	Center tooling	60	30	(5)
13	Touch-off tooling	20	15	(6)
14	Back off tools a few thousands (cut undersize)	5	5	
15	Make necessary adjustments	60	00	
16	Setup gages for first part on machine bench	45		(7)
17	Check part to gages and make adjustments	30	30	
18	QC inspects first part	45	45	
19	*Run parts*			
	分钟	365	220	
	小时	6.08	3.67	

(1) Cart returned by tool room
(2) Quick change jaws
(3) Eliminated this time
(4)Quick change tools
(5) Quick centering tool
(6) Reduction due to quick change tooling
(7) Gages setup prior to setup with good part

图 2-9　四步法的第三步，使内部流畅

图 2 - 10　快速更换工具的影响

　　左边的传统工具每次更换工具需要 10 分钟的时间。右边的 Capto "单触点"工具架每次更换工具需要不到 1 分钟的时间。这对于 12-，24-和 36-工具车床是非常重要的。一个 24-工具车床的 Capto 工具成本大约是 10 万美元，而一个 50 万美元的车床成本可以被人工智能消除。

　　图片来源：迈克尔·乔治。

步骤 4：消除调整

　　在第一个零件加工完成后（参见图 2 - 11 中的深色单元格），需要花费一些时间通过测量来进行调整。设置时间从 3.67 个小时缩短到 2.5 个小时，净变化约为 1.2 小时。

　　只花了大约一个月，我们就将设置时间从 8.42 小时减少到 2.5 小时，而这仅仅是个开始，因为在工程时间和设备上的投资仍然巨大。人工智能则可以避免这些成本。我们仍有很多把设置时间降低到 2.5 小时以下的想法。

任务#	任务描述	使内部流畅	消除调整	备注
1	*Machine turned off - Setup Starts*			
2	Clean up machine area/table for next setup			
3	Gather tooling, fixture, jaws			
4	Find raw material and transport to machine			
5	Get computer cart to download program	5	5	
6	Download program into machine	5	5	
7	Return computer cart			
8	Fill out gage sheet and take to QC			
9	Insert jaws	15	15	
10	Prepare the jaws (cut to size)			
11	Load cutting tools and inserts	10	10	
12	Center tooling	30	30	
13	Touch-off tooling	15	15	
14	Back off tools a few thousands (cut undersize)	5	5	
15	Make necessary adjustments	60	30	(1)
16	Setup gages for first part on machine bench			
17	Check part to gages and make adjustments	30	20	(2)
18	QC inspects first part	45	15	(3)
19	*Run parts*			
	分钟	220	150	
	小时	3.67	2.50	

(1) Reduction due to quick change tooling	
(2) Reduction due to quick change tooling	
(3) Hire another QC inspector	

图 2 - 11　四步法的第四步，消除调整

丰田的终极目标：随机序列零件高效生产

丰田的最终目标是将设置时间降低到接近零的水平。每个单元的输出产品在其输出时都会被存储在每个部件号的"看板"容器中。当由于下游工序提取导致看板库存低于安全库存水平时，单元将会自动补充该产品型号的看板。因此，如果能将设置时间减少至零，单元就能按照随机序列进行高效的

生产。

结论：如果某些零部件每年可以重复设置 52 次以上，并且工程投资回报很高（1 万美元/产品型号），还有对 Capto 工具的投资（约 10 万美元），那么这种情况下集中、密集的工程就很适合。但如果某些零部件每年只重复生产运行 3 到 4 次，那么此时工程投资就大于回报。人工智能的目标就是通过利用其近乎免费的能力来取代相同的设置时间。这将在本章后面讨论。

为什么制造单元在丰田很成功？

丰田的大批量生产和以相同路由器为准的重复生产得到广泛应用，每个单元每周根据看板数量的随机损耗来随机排列生产十几个相似但不同的产品型号。考虑到可能要花费数周的工程来开发一个包含 12 个产品型号的单元，如果追求高投资回报，则需要如丰田公司那样经常有高重复性的任务。通常，一个给定的单元每周都由相同的人员操作，所以他们在设置这些零部件号时位于学习曲线的低端，学习成本就很低。单元生产的主要要求是稳定的需求和稳定的设计，而所有消耗都在内部受到丰田的保护和控制，所以是有保证的。

如上所述，生产计划由看板系统自动地提供。当下游按需求提取零部件时，工人将相关的看板卡送回单元进行补充。看板数量累计最多的产品型号在完成当前要求的加工后，会触发单元中该产品的设置。此方法不需要计算机系统来计划单元的生产，丰田单元能够通过产品型号来随机地执行设置。这种随机能力是由大量的工程和资本投资换来的，使设置时间从一个部分到任何其他部分都简短且相同。

单元式生产不仅提供了可以和亨利·福特相提并论的高效率和低成本，而且还生产了超出福特生产能力的各种零件。因此，丰田的单元生产在满足低价生产的要求的同时，可以及时响应顾客不断变换的口味和需求，且与通用汽车相比，其盈亏平衡点要低很多。1973 年的石油危机让当时的"三大"利润受到了影响，但丰田仍然盈利强劲。这个故事应该是一记警钟。

为什么单个外部客户的制造单元不成功？

第 1 章中提到的"航空航天"公司试图在生产喷气发动机的方形法兰系列上使用单元制造。图 2 - 12 中的照片显示了在一个具有铣削能力的单台包含 Okuma LTM 24 种工具的车床上生产的 71 个类似产品型号中的 4 个。由于这些部件是在由一台机器组成的单元上完成的，所以路由器流显然是相同的。

这一系列的方形法兰是在一个有 24 种工具的单台双转塔车床上生产的，它属于四步快速设置，并拥有总投资超过 10 万美元的 Capto 单触点工具架、扭矩扳手、仪表等。我们最熟

图 2 - 12　71 个零件号中的 4 个法兰

图片来源：迈克尔·乔治。

练的机械师可以将设置时间从 6 小时减少到 2 小时。在这台车床上，一个操作员倒班两次，每年可以产出 100 多万美元，这让这台机器第一年就大受好评。但是该车床上的所有零部件都只是为了满足一个外部客户的订单，当这个订单结束后，这些老旧的喷气式发动机和所有零部件都会被替换掉。替换下来的这些零部件会被卖给另一个外部客户。为了准备生产新发动机，客户将旧发动机的生产转移到波兰和印度，导致交易量下降了 57%，如图 2 - 13 所示。

　　直到 2016 年下半年，当我们开始运用人工智能数据挖掘技术来定期检查所有产品型号的大数据时，才发现了这种大规模的下跌。当时公司正在计划投资一个"弯头"制造单元，这

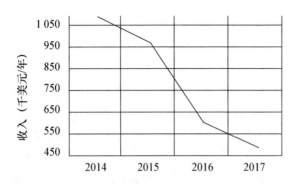

图 2 - 13　销量骤降导致法兰收入下降

销售固定型号方形法兰给某特定客户，随后客户将其生产转移到波兰和印度。对依赖于单个外部客户的生产单元进行投资具有极大的风险。

将需要投资 100 万美元来购买新设备和现有设备。这时数据挖掘再次扭转了局面。如图 2 - 14 所示的数据表明，如果用一个单元大量生产同一系列 49 个弯头产品，在 2014 年会有很高的投资回报，但在 2017 年之后，回报就会低于投资，其销量也

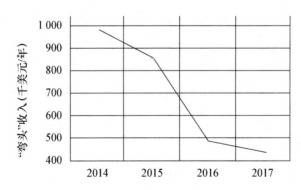

图 2 - 14　预测仅向一位客户销售"弯头"的收入

"弯头"用在老的喷气式发动机上，数据挖掘表明投资"弯头"单元不再是一个好主意。

会同前文提及的方形法兰一样减少。

对于首席数据挖掘官的迫切需求

许多人会问:"我们真的需要花钱聘请首席数据挖掘官吗?"上面的例子表明,通过阻止公司对方形法兰和"弯头"单元投资,人工智能数据挖掘帮助公司节省了数百万美元,并且让公司把注意力放在利用人工智能来减少图 1 - 16 中提及的在 LB 和 4VA 车床上生产小批量零件的设置时间。之前所有的精益培训和经验让我们找到了帕累托产品型号,它用 20% 的型号带来 80% 的收入。这是公司盈利的第一步,但也同时误导了我们,让我们把精力集中在单元生产上。由此可见,精益六西格玛并不是达成目标的最后一步。人工智能数据挖掘(见图 1 - 16)让我们得出了完全出乎意料的结论:所谓的"无关紧要的多数"(即由 80% 的产品型号带来的 20% 的收入)实际上却浪费了 73% 的全厂设置时间。因此,小批量的产品型号不应该被忽视。从浪费和生产能力的角度来看,实际上小批量的产品型号并不是"无关紧要的多数"。如果我们能将它们的设置时间降低到正常水平,就能在不增加劳动力的情况下将产能提高 10% 以上,并将 EBITDA 提高到收入的 30%,这是个非常划算的投资。为了经济快速地减少大约 800 个小批量零件的设置时间,需要开发一种新的低成本的减少设置的"通用"方法,而不是继续采用丰田工程密集型方法。我们将在本章后面介绍这种方法。如果没有人工智能提供的大数据的全面视角，公司就永远意识不到这种潜藏的浪费。此外，人工智能建议，公司应该有一种全新且通用的减少设置时间的方法。

首席数据挖掘官必须具有丰富的专业知识，这样他就会知道应该问哪些问题，以便在业务过程中寻找和消除浪费。

很多人会质疑："这难道不应该是 CEO 的工作吗？"然而，从 ERP 系统的大数据中筛选出信息并从中提取出下一步有效计划需要耗费大量的时间，需要专业人士花费时间去完成。它得解决超过 1 000 个不同产品型号的设置时间、报废、返工、劳动效率和材料成本等问题。在军事补给站中寻找相同的成就模式（patterns of effort）也是如此，只是数量增加到了 50 000。未能及时提供备件可能导致"飞机停飞待件"（AOG）的发生并危及任务完成效率。一个繁忙的 CEO 每天关心的是保持收入在盈利水平，保持准时交付率超过 90%，会见和访问客户、供应商和股东，查看 10K 和 10Q 表格等。CEO 并没有足够的时间来进行分析。所以我们认为，无论头衔是什么，首席数据挖掘官的职能是实现 AI 的必要条件。

结论：所有公司都应该任命首席数据挖掘官，向 CEO 汇报工作。如上所述，这样做将会有惊人的投资回报。

维护减少浪费这一原则

在内部保护需求数量的情况下，丰田的单元生产法显然是强大的。我们从图 2-12 和图 2-13 中可以看出，如果这个需求是由外部某个客户提出的，这个方法通常不适用。而我们将证明，即使外部需求出现变动，人工智能仍可以提供有效的保护。随机产品型号一直困扰着我们的工程师和生产经理，而人工智能让我们在卖给 6 个不同的客户的 300 多个车床随机产品型号中找到相同的设置模式。供应 6 个客户的风险远远小于供应 1 个客户的风险，因销售下滑导致的损害投资回报的可能性可以忽略不计。人工智能给予外部销售的保护可以和丰田相提并论。此外，人工智能并不局限于单一几何图形或者一些特定产品型号上，比如图 2-12 中的方形法兰单元。"航空航天"人工智能可以通过适当的排序来灵活应对 6 个客户要求的不同的产品型号，以此来大幅减少设置时间。人工智能不仅可以在不考虑减少任何一个客户需求的情况下确保较低的设置时间，而且还可以在快速设置过程中保护创建人工智能的工程投资。

神经网络越强大，浪费成本越低

回想一下，在第一步中我们注意到，为了满足在 LB 车床上生产 300 个零件，在任何时候都需要大约 50 个工作岗位。这与生产固定的产品型号形成了对比，单个单元为顾客生产 71 个零件，需要 10 个工作岗位。神经网络会在某台机器距离完工还有 3 个小时时使用其中的设置数据。神经网络会找到与设置数据匹配最佳的某四个工作的序列，从而使总设置时间最少。显而易见，从 50 个工作中找到最佳匹配的概率远大于从 10 个工作中找到的概率。因此，神经网络越强大，总的设置时间浪费就越少。

对零件进行排序以减少设置时间的尝试

在云计算和神经网络出现之前，人们曾尝试通过排序具有相同几何形状或使用相似工具的零部件来减少设置时间。一家机械工厂注意到，中断某一个直径的棒料（bar stock）的处理而换到另一个直径需要花费几乎一个小时。所以从周一开始，单元开始处理所有直径为 1 英寸的棒料零件，然后换到 2 英寸，周五就换到 4 英寸。接下来的周一，它先完成了所有 4 英寸的部件，然后再依次递减尺寸一直到 1 英寸。这样的做法并不是很灵活，还为过程中的每台机器增加了潜在的两周延迟。航空零件通常在三种不同的机器上加工。因此，这种形式的排序就会产生一个长为两周的周期时间来响应客户在需求上的变化。而使用神经网络只需要 3 个小时来做同样的事情。此外，这种形式的排序还导致平均库存从一周增长到三周。这种不灵活的排序的确减少了设置时间，但它忽略了客户的交付日期和库存的增加。因此，盲目排序不能适应快速交付和多样化的要求。以喷气发动机这种复杂的现代产品为例，全部零部件的交货率达不到 90% 以上会有严重的后果。我们将会在本章后面展示人工智能提供的通过排序让生产事半功倍的方法。

利用排序将作业车间制造成本降到最低

刚刚讨论的是一个寻找最有效的排序来最大限度降低作业车间制造成本的特殊情况。由于上述产品型号没有共享的路由器，所以这里不能用生产单元。我们在本章前面介绍了作业车间制造。在开始介绍作业车间制造的人工智能解决方案之前，我们想讨论一些旧方法，这些方法试图通过一组"启发法"的规则来减少成本（不考虑客户对交付日期的需求）。

减少作业车间制造成本和周期的过往尝试："启发法"

作业车间制造的定义是生产大量路由路径不同的各种零部件。许多人努力降低作业车间制造的成本或周期时间，但没有人能解决在满足客户准时交付要求的同时减少设置浪费的问题。因为由小批量生产的零件引起的设置浪费占总设置浪费的73%，这不仅在制造中，而且在产品开发、项目管理和其他路径不同但有共性且有提升空间的过程中，通过人工智能解决这些旧问题显得格外重要。

人们已经研究了几十年的作业车间制造的调度问题：

假设一个给定的工厂必须生产 N 个不同的产品型号，并且工厂拥有 M 个不同的机器。很明显，首先运行的部分有 N 种选项，第二运行的部分有 $N-1$ 种选项，以此类推。这样就有 N 的阶乘（$N!$）的总生产计划顺序。同时，我们有 M 排列（M permutation）种机器来运行这些零件。因此，可以运行零件的可能生产排序总数是[12]：

$$\{S\}=(N!)^M \qquad (式 2.9)$$

排序的标准。找到适当的运行部分排序是为了达到以下目标：

1. 浪费成本降到最低
2. 准时交付率达到 95%

假设一个简单的情况，工厂只有一台机器（$M=1$），生产 $N=10$ 个不同的零件。我们应该按照怎样的排序来运行零件，在减少成本的同时保证 95% 的准时交付率呢？我们使用 ERP 系统中的数据，这些数据记录了使用的工具和零件形状。我们的目标是找到生产产品型号的合适顺序，来满足工具变化的次数最小化和形状相同（防止卡盘的变化）这两点要求。一共需要考虑多少种排序呢？在这台机器上生产的第一个零件编号有 10 种选择，第二个有 9 种选择，以此类推。因此，我们的任务是评估 $10\times9\times8\times7\times\cdots1=10!＝360$ 万个由 10 个产品型号组成的排序，并从中评估哪种排序的总设置时间最低。这个问题无法解决。或者我们也可以试着去减少生产全部 10 个产品型号的总周期时间来提高准时交付率。但是不管目标是什么，都将面临一个排列组合的噩梦。在人工智能之前，这个问题的唯一"解决方案"是开发一套有根据的猜测方法，也就是"JSM 启发法规则"。

最受欢迎的启发法规则之一是减少生产全部 10 个产品型

号所需的总周期时间，并希望零件能满足顾客的需要。这种JSM 启发法规则的名称是"最短处理时间"（SPT）规则[13]：

假设，机器作业时间与总设置时间最低的产品型号所用时间之和为 P_1，第二低的为 P_2，以此类推。之后按照 $P_1 \leqslant P_2 \cdots \leqslant P_N$ 的排序运行零件，最后我们将得到平均值最低的交付周期时间。

尽管这种方法可能会得出更低的平均周期时间，但它会导致即使顾客最需要零件 N，但它可能被排序到最后生产。客户并不关心最低平均周期时间，他们关心的是每个产品型号的准时交付。鼎盛时期的通用电气前董事长、六西格玛的积极倡导者杰克·韦尔奇（Jack Welch）曾明智地评论道：

问题就是平均值是一个没有实际意义的数据，客户仍然可以在交付时体会到差别。一个订单 4 天交付，而另一个却是 20 天交付。这样的差别让人恼火。

——1998 年通用电气年度报告

这种最短处理时间 JSM 启发法显然不能在市场中应用。剩下的著名的 JSM 启发法（见表 2－1）都基于人工智能和精益六西格玛以下两个标准进行评估：

1. 该方法能否有 95％ 的可能性满足客户的出货日期？

2. 该方法是否能让设置时间浪费最小化？

每种 JSM 启发法的精益六西格玛结果详见表 2－1 最右边一列。

表 2 - 1　作业车间制造（JSM）启发法

#	缩写	启发法描述	精益六西格玛结果
1	R	随机：以相同的概率选择队列中的任何作业。此规则通常用作其他规则的基准。	设置时间最长
2	FCFS	先到先得：作业按到达工作中心的顺序被处理。也叫"最早释放日期"。	设置时间最长
3	SPT	最短处理时间：这条规则可以减少在制品库存、平均作业完成（流）时间和平均作业延迟。	准时交付最差
4	EDD	最早交货期：选择有最早交货期的工作	设置时间最长
5	CR	关键比值：处理时间/（截止时间－目前时间）。取最大值。	设置时间最长
6	LWR	剩余工作最少：该规则是 SPT 的扩展，它考虑的是哪些作业可以最快完成，因为它们需要的工作最少。	设置时间最长
7	ST	延缓时间：作业到期的时间（所有剩余处理时间的总和）。以最少的延缓时间完成工作。	设置时间最长
8	ST/O	每剩余操作的延缓时间：延缓时间除以剩余操作数。用最少的延缓时间完成剩下的工作。	设置时间最长

　　这些 JSM 启发法都是一些聪明人试图避免使用式 2.9 提出的调度指导的产物，这是一个不可能解决的 NP-hard 数学问题（表示计算复杂性的术语[14]）。关于车间调度的书籍都会涉及周期时间，通常称其为"作业周期"。[15] 我们读过的许

多关于作业车间制造的书籍和论文都没有提到利用利特尔定律、减少设置、减少批量大小或拉式系统来减少周期时间。而JSM 启发法努力将最优排序视为一个纯粹的数学问题，我们对许多公司的观察发现，"启发法"在实际的车间生产调度中并没有什么太大的用处。

对于我们这些实际管理过工厂的人来说，在作业车间制造中发生的事情是众所周知的：必须要满足的要求只有一个，就是满足客户的交付日期。只达到平均交付周期是不可行的：所有订单的准时交付率必须大于 90％，并且剩余的只能晚几天。准时交付率低于 80％ 就会造成严重后果，例如失去订单、交付违约金或者被扣除部分尾款。所以说实际的作业车间通常按照客户交付日期的排序来设置机器和生产零件，实际上设置过程是随机的，导致大批量和小批量零部件生产的设置时间冗长且低效。大规模的生产给整个流程带来了麻烦，导致交货延迟和成品库存过剩。正如在第 1 章中所阐明的那样，随机设置排序在带来 20％ 收益的同时，也带来了 73％ 的设置时间浪费。

减少设置时间的人工智能解决方案。我们寻求一种既能满足客户交付日期的零件生产排序，又可以减少 50％～75％ 随机设置时间浪费的解决方案。而现在没有数学公式可以从式2.9 中多种可能排序中确定浪费最小的排序，更不用说还要满足准时交货这个条件了。

好在人工智能提供了一种通用的方法来解决这个数学上无

法解决的问题，它节省了 50％～75％的随机设置浪费。

神经网络的基本原理

若满足以下条件，则推荐使用神经网络：

1. 无法解决含有理想输出的方程（例如式 2.9），或者

2. 无法写出一个根据输入推导输出的算法。

A. 使用神经网络需要以下信息：

1. 列出 30 天内发货的每个拉式小组的所有作业和产品型号。假设在 LB 车床拉式组有 50 个工作。可以生产的产品型号总数超过 300 个，但其中 250 个在未来 30 天内都没有需求。这个数值每天都在变化。

2. 一个矩阵，显示了从任意一个产品型号到其他一个产品型号的全部设置时间。

3. 三个小时内即将完工的机器的机床工具、卡盘等设置时间的数据。这最后三个小时是为了应对突然安排的各种新工作。因为客户时刻都会在工厂生产的过程中发现新的需求。这种情况每天都在发生。

4. 该神经网络软件检查了拉式站的全部 50 个作业，并找到了 4 种能够减少总设置时间的作业顺序。神经网络软件根据选出的 4 个工作的路由器来确定这些工作可以满足客户的交付日期并计算出剩余的交付周期。剩下的 46 个工作不会因为这 4 个工作而耽误它们的交付时间。如果验证失败，请看 B。

5. 工具室在第三个小时收到提示，并准备好装有所有需

要的工具和工作说明的车，并在 3 小时内送到 A.3 的机器上。

B. 通过神经网络进行交付验证：神经网络从拉式组中选择了 4 个能够确保最短的设置时间和客户交付日期的作业。将它们一个接一个地运行，这样才能尽可能少地改变工具或形状从而减少 50%～75% 的设置时间。这 4 个作业中每个作业的剩余交付周期是按照每个产品型号的路由器计算的。例如，如果第四份工作会延迟，那么就有两种选择：

1. 将排序从 4 个作业减少到 3 个作业，以此类推。

2. 将作业的批量大小缩小到客户要求的最小数量。

3. 根据工作路由器，在每一个拉式站使用利特尔定律，重测交付时间与客户进度表的对比。

C. 用数据代替美元：请注意，我们没有进行任何的投资（例如购置 Capto 工具架），我们只是在投资人工智能。我们正在用数据取代美元，建立一个有"护城河"功能的商业模式。

D. 人工智能设置方法：神经网络如何选择既能满足客户交付要求又能使设置时间最小化的 4 个作业？

1. 从 A 到 D，到 K，再到 Y 的设置时间等同于寻找四个城市之间的最短距离。

2. 这类似于著名的"旅行商问题"（或最短路径问题，TSP），即按最小距离的排序访问多个城市。在我们的问题中是寻找这 4 个工作的总设置时间。

没有数学公式可以解决这个问题。但是我们可以通过分支界定法来迭代逼近解决这个问题。[16] 然而分支界定法对于车

间应用的 3 小时交付周期来说耗时太久。于是我们使用来自
ERP 系统的数据，通过分支界定法或 TSP 启发法为离线云的
随机问题提供解决方案。之后这些解决方案被用来"训练"神
经网络。训练过程会调整网络中每个神经元的权重，使其在 4
个作业编号上的输出与离线云解决方案相同。在未来遇到类似
的 50 个任务时，神经网络可以在几分钟内提供解决方案，这
对于 3 小时的交付周期来说绰绰有余。随后神经网络使用 B 段
的方法验证交付时间，这在第 6 章到第 9 章中有更详细的描
述。整个训练的过程是深度学习的一个例子。深度学习是机器
学习的一个分支，其中神经网络具有不止一个的隐含层，这在
第 6 章会进行详细的讲解。

　　E. 关于云计算：用来解决"旅行商问题"的分支界定法
从 1962 年就出现了，它实际上是由麻省理工学院的约翰·利
特尔教授命名的。与应用数学家在这个问题上的论文相比，他
的论文[17] 言简意赅、清晰明了，像我这样的普通人都能看
懂。然而该方法是需要大量计算的。例如，一个 3 000 个城市
的问题花了电脑三年多的时间才得到答案。神经网络没有尝试
去解决这么大数量的问题，但是分支界定法比一个训练好的神
经网络要慢数百倍。我们需要成千上万的分支界定法来执行神
经网络的训练。目前有很好的 TSP 程序，如 Concorde。云计
算使以前耗时的工作变得更容易和实用。有关云的资源有很
多，包括 Amazon Web Services、Microsoft Azure 等。我们对
云计算的了解仅限于我们对亚马逊的使用体验。亚马逊云服务

(AWS) 拥有大约 200 万台服务器，每台服务器有 96 台中央处理器计算机。当在其中一个区域注册时就会被绑定到 16 个区域的 20 个 EC2 的 "Elastic Cloud" 服务器，这些服务器提供了 320×96＝30 720 台计算机的计算能力，并会根据问题自动调整能力。也可以花更多的钱来访问更多的服务器。云是一种"即付即用"的服务，与购买和维护硬件相比，它非常便宜。从网页控制面板上也可以随时调用资源。云可以运行许多操作系统，包括 Windows 和 Linux。亚马逊承诺可用性为 99.99％。安全性是通过虚拟私有云提供的，因此可以在亚马逊防火墙的支持下进行操作。数据传输速率为 3.0GB/s，每个实例有 384GB 内存。毫无疑问，AWS 和其他云服务提供商都拥有许多强大的神经网络工具：

> 由多达 8 个最新一代的 NVIDIA V100 GPU 驱动，Amazon EC2 P3 实例为每个实例提供高达一千万亿次的混合精度性能，以显著加速深度学习。Amazon EC2 P3 实例已被证明可以将深度学习培训时间从几天减少到几分钟。

本书出现在亚马逊 Sagemaker 上。当我在 2001 年写第一本关于精益六西格玛的书时，这些都还没有出现。我们当时没有直接面对那些不可能完成的优化车间制造的任务，而是通过使用帕累托分析（"80/20" 规则），专注于使用丰田工具具有成本效益的大批量重复零件制造的方法来回避这个问题。现在通过云计算，我们可以减少生产小批量零部件的浪费。正如大数据分析所揭示的那样，小批量零部件包含了大部分的设置浪费（见图 1 - 16）。

F. 营销保险政策：到现在这一步，读者可能会考虑为什么要购买快速设置工具，例如价格为 10 万美元（24 种工具的车床）的 Capto 工具架。原因是客户可能要求打断设置程序来运行一些紧急零部件。这里就需要一个随机的设置，比起有序设置来说，这个成本要高得多。公司永远不会对顾客说不，但同时也不希望亏损。"航空航天"公司决定在每个拉式组中至少投资一台机器，因为它通常可以商讨到价格为 10％～20％的加急费，并且这种情况经常发生，足以获得可观的利润和客户忠诚度。快速设置使这种功能得以实现，并使随机设置的工具变换更快。这是神经网络程序的一部分（参见第 6 章）。投资 Capto 工具架是一种关于营销的决定，而非制造决定。需要指出的是，上述提到的快速设置一般只为新机械工具提供帮助，所以如果商店拥有大量的旧设备或没有 Capto，人工智能解决方案不仅是最经济的解决方案，还可能是唯一的解决方案。

总结：公司或军工组织若做好了消除浪费的工作，将在准时交付、更快开发产品、项目管理和任务效率方面具有强大的竞争优势。我们会在后面的章节中讨论非制造业的例子。首先，我们提供了一个清晰的可视化的制造示例来阐明这些要点。在我们的例子中，能够将设置时间从 6～8 小时减少到 2 小时以下的公司将拥有巨大的竞争优势。如果产品型号众多且重复率低，比如每年只重复四次，那么丰田公司的四步法将不适用。而利用 JSM 启发法得到的生产排序不能满足准时交付率达到 90% 以上的要求，因此同样不适用。人工智能在满足准时交付率 90% 以上的苛刻条件的同时能让 2 小时以下的设置时间成为可能。通过减少设置时间节省下来的机械师工时可以用来生产更多的零件，让工厂的利润达到约 30%，这对 EBITDA 的影响远远大于设置成本的降低本身所带来的影响。在大多数公司，生产能力的提升相当于 EBITDA 增加至 30% 或在精益六西格玛所带来的改进之上还有所提高。

执行人工智能的管理。在评估潜在浪费情况（参见第 10 章）之后，人工智能过程的第一步是组建一个由经理和流程工程师组成的跨部门全能团队，用来收集和验证神经网络操作所需的数据。(图 2 - 15 展示了第 1 章提及的"航空航天"公司的团队。)我们还建议与当地的职业学校或大学联合建立协会，使其课程跟上人工智能的发展，用来培养未来的员工。许多学徒计划，包括备受推崇的德国学徒计划都因过度将学生的注意力放在过去，纠正其中的错误，而不是教会他们适应未来而受到批判。[18] 只有企业、大学和职业学校建立合作关系，才能为人工智能未来输送人才（参见第 3 章）。就像在半导体和集成电路领域一样，企业在应用任何新技术方面通常领先于大学和贸易学校。随着技术的成熟，大学常常会增加一些新的、有价值的见解，而这些见解是企业界所没有的。例如，加州理工学院的卡文·米德（Carver Mead）教授对电晶体未来的尺寸、

图 2 – 15　跨职能人工智能团队

　　来自"航空航天"公司的人工智能试点团队：（左起）来自圣母大学的实习生
尼克；主管 LB-II 车床的兰迪；人工智能技术顾问约翰·史密斯；LB 主管史蒂
夫；人工智能技术副总裁丹尼尔·布莱克威尔单独在右侧展示。

速度和功率提供了重要的见解，这对英特尔，尤其是半导体的
未来有很大的帮助。米德教授还从他与戈登·摩尔（Gordon
Moore）的合作中提出了著名的"摩尔定律"。1986 年我访问
日本时，我对丰田生产系统发展过程中产学研合作的程度感到
惊讶。

通用设置减少

　　约翰·史密斯（John Smith），乔治集团前顾问，现任职
于人工智能技术（AI Technologies），用"通用"设置减少法
取代了"特定产品型号"的丰田设置减少法。通用意味着所有
产品型号之间共享的所有功能都会大大减少或没有设置时间。
参考前面的分析，这将包括所有步骤 1 和步骤 2，即普遍适用

于所有零件号的"掉球原因"（也就是失败因素）。史密斯通过进一步扩展通用设置方法，实现了将设置时间减少至丰田方法的75％以上，并且无须注意特定产品型号的设置过程。

发现潜藏的浪费并消除

我们将重点放在令人惊讶的人工智能数据挖掘（见图1-16）所带来的结果上，它显示了一种以前不为人所知的浪费模式：73％的设置浪费是由20％的收入产生的，而这20％的收入是由占总数量80％相对较小的批量的产品型号创造的。这一发现促使人们发明了一种新的名为通用设置的工具，它比丰田四步快速设置法在人力和资本节省上更上一层楼：设置时间减少了大约75％。这是"航空航天"公司经过一年精益六西格玛过程改进后找到的最大的浪费来源。这成为了人工智能不可或缺的强有力的论证。我们将在本书的第9章继续讲这种有效的方法。下面让我们讨论几个关于人工智能的例子，来证明设置时间不一定是浪费最多的资源。

半导体： 曾经，英特尔微处理器的需求量大到需要一个工厂来生产一个固定的产品型号，这导致了采用亨利·福特式方法，这种方法根本没有设置时间。在这种情况下，质量和产量是浪费最多的两种资源。人工智能的模式识别能够检测出照片中的异常。用英特尔CEO的话来说：

> 我们每天生产大约100万个芯片，并且为每一个通过

生产线的芯片拍摄照片，一共大约有 160 万张。人工智能的模式识别能在几小时内通过 160 万张照片与一个达标芯片的对比，找到有问题的芯片。

2001 年，精益六西格玛刚被研发出来的时候，人工智能现在所能完成的任务在当时简直是天方夜谭。然而，个人电脑销售的放缓，已促使英特尔在一家工厂生产各种型号的零件。马修·沃德在麻省理工学院的在线论文中，提及了他为解决英特尔工厂的设置时间问题所付出的努力。

炼油和化工厂：这些工厂中有些只生产一种化学品，管道长达数英里，里面的气体和液体由数百个泵推动。就像"航空航天"公司会遇到的麻烦一样，在这个过程中起到关键性作用的轴承也会发生故障。没人希望通过关闭工厂来替换还未损坏的轴承（它们只是有些晃动），而这个问题是 TPM 定期维护经常遇到的。这个时候公司应当如何取舍呢？在第 12 章中，将会提到如何应用人工智能的模式识别来解决这个问题。

产品开发和项目管理：人工智能可以在产品开发的过程中找到一个适合的通用团队要求，并因此成立一个正式的团队，从而将开发时间和成本减半。这是人工智能可以检测并节省的隐藏的浪费资源。第 13 章中会举例说明。同理，这样的过程也适用于项目管理。

无论什么情况，人工智能大数据总能找出一个问题的通解，并找到可以被管理层消除的浪费。

小结

云计算的出现使人工智能神经网络能够解决作业车间制造问题，在将生产成本降到最低的同时保证准时交付率。而这是JSM启发法无法完成的任务。云计算增加了分析浪费的神经网络的规模。云计算和TSP启发式算法的共同使用能够消除分支界定法和神经网络在计算方面遇到的挑战。回想一下，亚马逊云大约有200万台服务器在运行，它的超级计算能力使许多不可能变成了可能。在"航空航天"公司，我们可以在没有直接观测的情况下，将工厂800个小批量零件的设置时间从6小时减少到不到2小时，从而使EBITDA从20％增加到30％。对于其他类型的制造业或非制造业企业来说，为了确定潜在的EBITDA改进方向，必须进行第10章中描述的人工智能准备情况评估。

我们已经通过一个使用离散制造的教学示例，展示了人工智能解决方案是多么的清晰易懂。在前一节中，我们讨论了人工智能在某个情况下的应用，在这种情况下，没有任何的设置时间浪费，但减少其他形式的浪费成为了重中之重。我们相信你可以将这些想法运用到你自己的领域。人工智能与精益六西格玛的结合促成了克劳斯·施瓦布教授所描述的第四次工业革命，我们会在下一章里讨论它的战略意义。

第 3 章　21 世纪的生产力挑战

从历史上看，泰勒（Taylor）、吉尔布雷斯（Gilbreth）、福特（Ford）等人因为提高生产效率推动了产品开发和项目管理方面的进展，这些都将在以后的章节中讨论到。制造业仍然是解释 21 世纪人工智能力量最强大的教学工具，因为你可以亲眼证实生产力的提高。到目前为止，我们已经了解到继亨利·福特和通用汽车的第二次制造业革命之后，精益六西格玛和丰田生产系统所引发的 20 世纪的第三次制造业革命。在这一章中，我们将展示人工智能如何引领第四次制造业革命，正如施瓦布教授所说，人工智能是第四次工业革命的主要驱动力，而第四次制造业革命只是人工智能的一部分。我们会先把在第 2 章学到的教训与丰田和通用汽车成功的商业战略进一步联系起来。这将为人工智能应用于商业和军事规划提供一个全方位的例子。在我们深入了解实施细节之前，我们应该了解人工智能在历史上的突出贡献。

如图 3-1 所示，越来越多的行业存在规模不经济的问题。在过去的十年中，收入的增长速度超过了利润的增长速度，因此大多数行业的资本回报率（ROIC）都有所下降。图 3-1 中显示了由威尔逊（Wilson）和佩鲁马尔（Perumal）编制的关

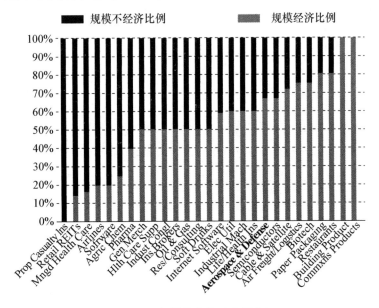

图 3-1　规模不经济（分行业）

来自威尔逊等人的数据，是为复杂性时代的增长而开发的。每个条形图的黑色部分显示了该行业中运行规模不经济的企业所占的比例。

资料来源：Andrei Perumal and Stephen Wilson, *Growth in the Age of Complexity* (New York：McGraw-Hill, 2017).

于规模不经济的数据，这些数据具有普遍性和说服力。

这些数据十分易懂。如黑色部分所示，在管理医保行业（左边第三项）中，大约 83％的公司受到规模不经济的影响。在威尔逊研究的所有 30 个行业中，只有 2 个没有显示出规模不经济。

显然，传统的生产要素——劳动力和资本无法维持投资回报。由于"技术的进步和教育的倒退，[1] 熟练劳动力的增长几乎是不可能的。德国的学徒计划让制造业占德国总体 GDP 的 25％，相比之下美国只占 12％[2]，因此许多国家正试图去效仿该计划。斯坦福大学经济学家艾瑞克·哈奴谢克（Eric Hanushek）指出，正如许多其他的学徒计划，德国的学徒计划集中在"可能很快就会过时的特定的工作技能"。慕尼黑大学经济学家路德格尔·沃斯曼（Ludger Woessmann）写道："对于任何类型的培训，尤其是人工智能，人们都不可能在未来依靠太具体的工作技能。"[3] 公司不能指望政府的政策，在熟练劳动力固定且资本不变的情况下，只能通过人工智能来提高生产率，并以此作为再创规模经济的第三生产要素。在第 2 章中，我们展示了"航天航空"公司能够通过设置工具和常见的几何图形模式识别来减少浪费时间，从而保守地将生产力提高了 10％。因此，将劳动力和设备从没用的工作中解放出来，并在不增加劳动力或资本投入的情况下增加 10％的产出，EBITDA 占收入的比例将从 20％提高到 30％，这样就能扩大规模经济。这只是人工智能应用的第一步，它可以将相同的模式识别过程应用到产品开发、项目管理、医疗保健和其他领域。我们还建议"航空航天"公司（参见第 2 章）与当地贸易学校和大学建立学徒计划，以培养更多掌握如何应用人工智能的学徒，并建立长期关系，以确保雇用那些能够在未来创造价值的学徒。这些掌握了如何应用人工智能的员工会作出很大的贡献并获得相应的高薪。

就制造业企业而言，规模不经济这一现象是由于新产品过多导致的，主要是由于内部开发、收购过于同质化或客户每次发货数量的减少所造成的。

互联网商务：通货紧缩的来源？

制造企业利润损失的一个潜在原因是互联网商务。像亚马逊这样的公司可以通过降低成本来弥补损失，因为它们的购买量比大多数零售商都要大得多。这种价格下行压力导致了相对较低的通胀率：尽管 GDP 增长了 4%，但通胀率从 2016 年的2.1%降至 2018 年（截至 9 月）的 1.9%。[4] 不仅是消费品，就连工业产品都可以很容易地通过互联网在全球范围内购买到。第 1 章中的"航空航天"公司在向中国制造商销售飞机起落架零部件方面损失惨重，他们只有通过降低成本和按时交货才能挽回损失，而这一点正是中国供应商未能做到的。制造企业必须降低成本，缩短生产周期，才能生存并实现规模经济效益。

　　人工智能与精益六西格玛相结合正在引发第四次制造业革命。这种组合的结果是增加了灵活性，面对需求的自主适应性，以及在面对更短的工期、更低的价格和市场需求波动时更低的成本。正如"作者的话"中所讨论的，人工智能实际上是除了劳动力和资本之外的一个新的"生产要素"。运用这三种生产要素的公司将比只运用劳动力和资本的公司表现更好。这是 21 世纪一股颠覆性的革命力量，企业必须运用它才能在全球市场上保持竞争力。与其他技术革命一样，它将"为那些尽早、有效运用它的公司带来极其丰厚的奖励……同样，它会给不能及时应用人工智能的企业带来很大的威胁"。[5] 我们会举例说明人工智能给最先吃螃蟹的人带来的巨大机遇和给那没有采用的公司带来的威胁。那么就让我们从数据最多的连续几次的制造业革命的影响开始说起吧。

　　制造业一词起源于拉丁语 *manu factum*，意思是"手工制造"。经过几千年的手工劳动，在 18 世纪后期突然发生了翻天覆地的变化，用"革命"来形容这个变化再合适不过了。

第一次制造业革命

　　当蒸汽机的力量取代了人类和牲畜的力量时，第一次制造业革命彻底改变了世界。例如，安德鲁·卡内基（Andrew Carnegie）的父亲在苏格兰只能操纵一台织布机手工编织亚麻布。[6] 而蒸汽机可以一次驱动几十台织布机，这些织布机使用提花穿孔卡片"程序"来织锦缎和其他织物。蒸汽机极大地降低了成本和价格，同时提高了产品的质量，使消费者和制造商受益。数千年后，手工编织突然被取代，摧毁了那些不能跟上第一次制造业革命步伐的公司和家庭作坊。卡内基没有像他父亲那样故步自封，他们一家人移居美国。卡内基是第一个将现代化学应用于钢铁制造的人，这使他成为了世界上最富有的人。[7]

第二次制造业革命

第二次制造业革命在 20 世纪初取得了成果。这一革命是由电力驱动的机器和装配线推动的，因为资本投资的成本远低于手工劳动。在汽车市场，这种大规模的资本投资需要每年生产超过 25 万辆同型号的汽车才能得到可观的投资回报。最著名的例子是亨利·福特的 T 型车，它的年产量在 1920 年超过了 200 万辆。[8] 第二次制造业革命使 T 型车的价格从 1908 年的 850 美元降到 1922 年的 245 美元。[9] 福特超过卡内基成为当时世界上最富有的人。福特汽车系统的缺点是只允许生产一种颜色的车型。福特有句名言："世界上没有一家工厂大到可以生产两种产品。"他很清楚，设置时间带来了巨大的浪费，但是他错误地去完全禁止设置时间，而没有尝试去减少设置时间。1921 年，通用汽车首席执行官阿尔弗雷德·斯隆（Alfred Sloan）聘用了福特公司的生产经理威廉·克努森（William

S. Knudsen），从而使第二次制造业革命适应了通用汽车的多样化汽车生产。由于有设置成本，通用汽车的单位成本高于福特。但是繁荣的 20 年代的市场愿意为各种各样的油漆颜色、引擎等等买单。到 1927 年，福特不得不放弃他钟爱的 T 型车，由于顾客的偏好变了，其销量下降了 83％。福特将 Model T 换成了 Model A，通用汽车的斯隆称这是一次"灾难性的、近乎异想天开的决定"。亨利·福特关闭了胭脂工厂将近一年，将其改造成另一个模型，耗资近 2.5 亿美元[10]，这肯定是历史上最长和最昂贵的"设置时间"！通用汽车每个部门每年需要生产超过 25 万辆汽车才能盈利，而且永远无法匹敌福特的低成本和低价格。但多样化胜过价格，这使得通用汽车在大萧条时期仍能盈利。这个高度理想化的产品帮助通用汽车的五个独立的汽车部门生产了足够多的产品，并帮助他们在各个价格区间的市场份额增长到了 50％。在 1921 年存在的 1 800 家汽车制造商中，只有 3 家拥有和艾尔弗雷德·斯隆相同的智慧，并具备采用这种颠覆性的第二次制造业革命的财力。不同于不变的 T 型车，通用汽车在自动变速器、独立悬架（来自法国）、动力转向系统、动力制动器和顶置阀"火箭"发动机等创新方面一直处于领先地位。著名咨询师彼得·德鲁克（Peter Drucker）在 1946 年出版的《公司的概念》（*Concept of the Corporation*）一书中定义了通用汽车的成功[11]：

> 通用汽车的组织和管理政策的研究堪称经典，它已成为世界上现代大型企业的典范。

第三次制造业革命

第二次世界大战后，丰田公司率先掀起了第三次制造业革命。大野耐一（Taiichi Ohno）从贫困和失败的深渊中崛起，是一位颠覆性的天才。丰田的生产系统通过在生产过程的每一步都使用快速设置，将生产各种汽车所需的盈利产量减少了4倍。丰田系统的上级监管系统在"三大"利润下滑的1973年石油危机中，帮助公司持续盈利。[12] 作为亨利·福特和阿尔弗雷德·斯隆的忠实粉丝，我被这个日本暴发户震惊到了，所以我想亲身观察丰田生产系统。

1986年，我把自己创立的制造公司——国际动力机器公司（International Power Machines）卖给了劳斯莱斯。这使我有时间和资源参加研究活动，直接观察日本的丰田系统（见图3-2）。曾经，我的董事会十分欣赏我的才能，因为我使公司的税后收益达到11%，而且每年有4次库存周转，使公司从一家风险投资初创公司变成了一家上市公司。我认为自己对制造业非常了解。在这次研究活动中，我很快参观了一家工厂，其每年周转库存100多次！这段经历让我深受启发，也让我找到了乔治集团（George Group）的顾问，并开发了精益六西格玛，这是基于丰田生产系统创造的一个版本，采用了利特尔定律（见第1章）。

我在日本学到了什么？如第1章所述，丰田生产系统的核

RAPID SETUP: This 2700 ton United States Industries press normally takes 6 hours to change the setup. Using the four step method, Nissan reduced the setup time to 6 minutes. The lot size of each door type has been reduced from 1840 to 175, a 95% inventory reduction!

Mr. George discusses recent advances in manufacturing methods with Mr. Hiroshi Ito, consultant to Toyota Motors Company during a recent visit to several Japanese factories.

图 3 - 2　迈克尔到日本参加研究活动

图片来源：迈克尔·乔治。

心是四步快速设置法。[13] 这种工程方法使生产一个零件到另一个零件的转换时间减少了 75％以上，使生产各种汽车的库存和周期时间减少了四分之一。快速设置法也被用于油漆部门，随机改变颜色。这与我在墨西哥参观的一家工厂形成了鲜明的对比，这家工厂每天只使用一种颜色，导致囤积了大量库存。详细的减少设置时间的方法在第 2 章进行了描述。设置时间减少 75％可以在不减少产量的情况下减少 75％的批量大小和总周期时间，如图 2 - 2 所示。这种快速设置法成为了压倒通用汽车的力量。丰田的生产系统拓展了快速设置法的空间。这种快速设置法及其革命性的后果不为福特、克努森、泰勒和吉尔布雷斯等人创立的美国工业工程实践所知晓[14]，也不为他们的继任者所赏识。利特尔定律是关于任何工艺的平均周期时间的数学公式，它证实了如果制造的总周期时间减少 75％，大部分非增值的浪费成本也会被减少或消除！利特尔定律之于制造，就像牛顿定律之于天体力学：它使制造周期成为一门能定量、可预测的科学。

美国大多数观察家认为，减少设置时间似乎只是一个直接降低劳动成本的工具，而不是丰田将永久取代通用领导地位的核心系统。我清楚地记得一个通用工程师在 1988 年俄亥俄州帕尔马的冲压厂参加精益课。他完成了一项成就，将 1 000 吨印刷机的设置时间缩短了 50%。当我问他是否将批量处理规模减少了 50% 时，他困惑了。他说，减少设置时间是为了减少直接人工成本，而减少 50% 的批量将消除直接人工的好处，这是正确的。我指出，直接降低人工成本通常并不能带来良好的投资回报。当我向他解释利特尔的周期时间定律，以及如何通过缩短周期时间来消除仓库的浪费、损坏、生锈、油漆返工和报废时，他立刻领悟了。但他说，帕尔马的批量大小是由通用汽车的生产系统控制的，我必须让底特律批准批量缩小！我对通用汽车工程师能力的评价是，他们与我在研究活动中遇到的日本工程师不相上下。然而，正如我们后面将要讨论的，在 2007 年，通用汽车的高级管理层从未在整个公司采取有效的行动来应用丰田的生产系统以防止通用汽车的灭亡。批量大小是丰田的一个工厂级别的决策，允许每周在专用的机器单元中以与第 2 章讨论的相同的排序通过一系列相似的零件号进行快速的生产轮换。

这种快速设置法使各种汽车的制造几乎同时满足了亨利·福特的低成本和高质量，并拥有通用汽车的品种多样性。因

此，丰田用比通用汽车要求更低的汽车年产量实现了盈亏平衡
点。通用汽车在 1973 年占据了美国汽车市场 50% 的份额，同
时清楚地认识到丰田在石油危机期间仍然维持了较高的利润。
通用汽车阿尔弗雷德·斯隆之后的继任者仍然对通用汽车的成
功洋洋得意，他们没有意识到丰田带来的威胁。上世纪 50 年
代，斯隆的成功让通用汽车的高管们心满意足。通用汽车的确
是个成熟的企业，但他们并不理解大野耐一在太平洋彼岸所带
来的威胁。虽然通用汽车确实在 NUMMI[15] 和 Saturn[16] 成
功地作为内部试点应用了丰田生产系统，然而因为通用汽车的
高层看不到新方法的好处，这些努力"最终失败了"。[17] 我清
楚地记得一位前 NUMMI 工程师讲过的一个故事。2004 年，
在 NUMMI 的 20 周年庆典上，丰田的主席参观了通用和丰田
的合资企业。该合资企业成立于 1984 年。庆祝活动结束后，
丰田总裁邀请通用汽车总裁与他一起参观工厂。通用汽车总裁
拒绝了，说他必须回到底特律。正如萧伯纳曾经写过的："画
廊对盲人来说是一个沉闷的地方。"据报道，雪佛兰高层拒绝
采用已经被 NUMMI 证明成功的方法，反而建立了 Saturn。[18]
若是斯隆遇到类似情况，可能会炒掉雪佛兰总裁，用一位拥护
丰田方法的人来取代他，而不是创建 Saturn。相反，通用汽车
在上世纪 90 年代由伊格纳西奥·洛佩兹（Ignacio Lopez）掌
管，并且要求"只要不出现问题，就尽力压低供应商的价
格"。[19] 福特和克莱斯勒也纷纷效仿。一些有着百年历史的大
供应商，包括 Dana、Federal-Mogul、Delphi、Tower Auto-

motive、Collins & Aikman Corp 和 Meridian Automotive 等，都因此而破产。1985 年的罗斯·佩罗（Ross Perot）[20] 和 2005 年的柯克·科克里安（Kirk Kerkorian）[21] 等人曾试图对通用汽车进行改革，但由于通用汽车董事会保护管理层不受外部力量的影响，改革都失败了。通用汽车的市场份额从 50％的峰值下降到 17％，靠政府的救助才避免了濒临破产的命运。用艾尔弗雷德·斯隆的话来说，通用汽车的陨落与亨利·福特的陨落一样是"灾难性的且反复无常"。丰田仍是汽车行业无可争议的领导者，通用汽车正逐步退出汽车行业，成为卡车供应商。这件事情再次证明了，任何革命性的过程如果没有全体管理人员的参与，不可能取得成功。

丰田的生产系统通过增加利特尔定律发展成一种理论学说，即精益法。[22] 然而，大野耐一对最初的丰田生产系统缺乏书面实施方法。[23] 六西格玛提供了具体的实施方法[24]，它明确要求最高管理层的参与，并培训 1％的黑带，由他们全职来实施过程改进，并由兼职的绿带加以支持与配合。两者相结合就是精益六西格玛，它成为世界上应用最广泛的过程改进方法，但它仍然只停留在解决大批量生产、工作性质重复的连续流程生产上。

在 21 世纪，重复性强的连续流程生产由于产品复杂性的增加、备件生产重要性的增加、对现金流的强调和准时交付要求变得不如作业车间制造那样受人欢迎。[25] 精益六西格玛无法对 21 世纪出现的批量小、重复性低（参见第 2 章）的作业车间制造提供增加成本效益的解决办法。因此只生产十几种产品型号的单元生产的投资回报比少的可怜，或由于需求的变化导致投资回报率不佳。在过去，这点导致了"航空航天"公司按一年的预期需求批量生产，从而将设置成本分摊到许多制造单元上，并希望能在未来出售这些多余的产品。这难免会导致虚高的账面利润，随之而来的就是糟糕的现金流和由于存货冲销而造成的长期损失（见图 3 - 3）。许多公司仍然尝试用这种方法来解决设置成本问题。"航空航天"公司的一些机械工具就是在这些公司破产时购买的。

图 3 - 3　未售出的成品

这是一笔价值数百万美元的减记的一部分，这些库存是按年度批量生产的，它们从未被售出过。

图片来源：迈克尔·乔治。

随着 21 世纪市场的不断增长，产品的多样性和复杂性不允许在特定的生产单元里用连续流生产需求量少的产品型号。但是零部件数量的增加推动许多公司使用作业车间制造，并导致价格增长比产量增长快。在精益六西格玛中加入人工智能，使得作业车间制造的成本首次接近大批量制造的成本。这一点在需要产品多样化和低劳动力成本竞争的市场中显得尤为重要。

这些市场包括航空航天、医疗设备、发电、燃气涡轮、公路和机场照明系统、大型建筑项目、医疗服务和军事航空。例如，新一代高燃油效率的喷气机发动机的零件号需求量是汽车发动机零件号的十多倍，而这些零件的每年单位体积只占不到1%。这些喷气机发动机每台售价 1 000 万至 1 500 万美元。在喷气发动机中，只有少量使用同样路由器，需要大批量生产零部件才能满足使用单元生产的条件。[26] 每家航空公司都争着要这些新引擎，但通用电气和普惠公司都因为供货商延迟交货而寸步难行。任何一步的缺失都无法实现人工智能带来的90%的准时交付率。航空航天供应链被描述为是"灾难性的"。[27] 第 1 章中的"航空航天"公司成功证实，解决这个问题的方案可以应用于所有情况。

第四次制造业革命

用数据代替投资资金。如第 2 章所述，人工智能在满足客户交货日期的同时，通过优化零件的排序来降低设置成本，从而实现快速设置时间。它用数据来识别许多小批量产品型号中常见的几何图形、设置工具、夹具等模式。人工智能也被用来检测细微的质量缺陷和预测初期的机器停机时间，这在后面会提到。最后，人工智能可以用于产品开发、项目管理和其他过程中发现减少成本和周期时间的通用模式。因此，人工智能是精益六西格玛的一个"突如其来的改变"，可以被称为第四次制造业革命。第四次制造业革命用数据代替投资资金，直接打击和减少了规模不经济（见第 2 章的"通用设置减少"）。这里数据对美元的替代和第二次制造业革命中资本投资对劳动力的替代大同小异，是将传统生产因素加入人工智能后的结果。及时地将人工智能应用到企业中（最好成为你这个行业里"人工智能第一人"）和丰田生产系统对汽车生产的重要性是一样的。但同时，这个行为比较冒险，因此了解以往革命的成功与失败是非常重要的。

四次制造业革命

四次制造业革命可以总结如下：

第一次制造业革命。蒸汽机动力取代了人工，如用蒸汽动力的提花机生产织物。

第二次制造业革命。使用电动机器进行重复性生产，如福特 T 型车和通用汽车的生产系统。

第三次制造业革命。精益六西格玛（也就是丰田生产系统的统称）与利特尔定律相结合。这种方法减少了库存、成本和周期时间。

第四次制造业革命。由人工智能重新建立的精益六西格玛的制造方法，使用数据而非投资来降低制造成本和周期时间、产品开发等，使规模经济重回正轨。

每一次制造业革命都吸收并建立在上一次的优点之上，并淘汰了上一次革命的缺点，以增加利润和对市场的敏感度。据英特尔首席执行官表示，在第四次制造业革命中，那些不积极采用人工智能的公司将失去它们的领导地位。[28]

这四次制造业革命与克劳斯·施瓦布教授所描述的四次工业革命是一一对应的。[29] 施瓦布博士正确地指出，人工智能是第四次工业革命的主要驱动力，而第四次制造业革命只是人工智能应用的一部分。企业及其高管和董事会应该从中受益，以开明的心态评估人工智能和第四次制造业革命带来的机遇和威胁。

克服学习人工智能的障碍

这本书试图帮助企业高管学习如何应用人工智能。人工智能是一个庞大的技术学科，它使用了令人生畏的数学理论，如贝叶斯概率论、信息论和马尔科夫模型，并采用了新的概念，如神经网络和深度学习。人工智能正处于快速变化的状态，因为它们只受人类思维创造力的约束，而不受物理定律的约束。人工智能的科学已经成熟，但是人工智能在商业上的应用非常不均衡。如果你在互联网上搜索人工智能在制造业中的应用，大多数文章都会详细介绍机器人技术，而这只是制造业的一小部分。与更广泛的制造问题相关的人工智能书籍和论文很少，它们本质上都是概念性的，没有明确的实施方法和结果。它们通常是由从未管理过工厂的学者撰写的，他们没有关于增加利润、减少周期时间和投资资本的实施计划。

那么，为什么这本书与众不同呢？这本书是由已经应用人工智能并获得实际结果的企业高管撰写的，而不是由没有商业经验的人工智能科学家撰写的。这本书的目标是为任务繁重的首席执行官和他们的管理团队指出一条使用人工智能增加利润、减少资本和交付周期的康庄大道。幸运的是，虽然我们没有介绍所有人工智能的附属工具，只是介绍了已经应用于实际的神经网络，但不难发现人工智能的附属工具都很容易理解。考虑到人工智能实现的速度，这个人工智能工具列表无疑会改变，并导致这本书版本的更新。但现在，这本书的主要目的是帮助读者衡量应用人工智能带来的利与弊。不是劝说读者现在必须立即在相关的行业应用人工智能，而是告知读者必须时刻评估潜在的危险。

不实施人工智能的危险

一般来说，在任何技术革命前处于领导地位的公司都无法在下一次革命中处于领导地位。它们要么成为"还在经营"的利基企业，要么因为受到新公司的干扰而倒闭，而这些积极适应下一场革命的新公司，不会受到之前任何因素的影响。就像曾经用来计算真人驾驶的计算尺和 Friden 计算器在第一次革命中被基于电磁继电器的电脑取代，如 Bell Model V 和 Harvard Mark I；这些继电器（由 Teledyne 和 Standex 制造）在第二次革命中被基于电子管的计算机取代（由美国广播公司和通用电气制造），后者进而在第三次革命中被基于双极晶体管的计算机取代（由德国仪器和仙童制造）。而第四次革命则是由 MOS 晶体管的电脑引发的（由英特尔和台积电生产）。这种变革一般由一家曾经小众或者根本没成立的公司引发，并伴随着大量公司领导层的变动。它包括电脑、半导体、喷气式飞机引擎、互联网商务、小型钢厂生产等。[30] 就像亨利·福特和通用汽车一样，一代领导人的陨落如果不能带来下一代的成功将是一个灾难。

我年轻时曾在一家公司工作，并目睹了这家世界上占主导地位的双极晶体管公司由于未能有效地适应 MOS 革命而从第一名迅速跌至第八名。其才华横溢的 MOS 团队（与英特尔的不相上下）被命令要么迁往休斯敦，要么离开公司。团队离开后建立了一个公司，主营的 DRAM 内存业务竟然占据了 80% 的市场份额！由于一个荒谬的决定，这家全球最大的半导体公司不可逆转地失去了其领先地位，并沦落为一个利基供应商。为什么会这样？行业领先企业的管理层往往过于专注于眼前的业务，被傲慢和"非我所创"（NIH）综合征蒙蔽了双眼。然后，它们会被一家新公司或分拆出来的公司所影响[31]，新的公司不为当前形势所困，从而能更好地适应下一场革命。对于行业领导者来说，唯一的解决方法是时刻保持警惕，避开 NIH 的同时准备好迎接下一次技术革命。通用汽车的斯隆、英特尔的格鲁夫（Grove）和台积电的张忠谋无疑是准备好下次技术革命的好例子。

安迪·格鲁夫在他的著作《只有偏执狂才能生存》中明智地指出，当你成为行业领袖时，"竞争对手无处不在"。凭借这种警惕的思维，英特尔至今（2018 年）避免了类似母公司仙童半导体（Fairchild Semiconductor）的毁灭性打击。约翰·洛克菲勒同样提及应当时刻保持着警惕。在他那本薄薄的书里，他写道：

> 在最开始我们取得成功的时候，每天晚上睡觉前，我都会叮嘱自己："现在只不过是一个小小的成功，随时都会失败。一定要时刻保持警惕，不能因为开局的成功，就误认为自己是一个了不起的商人，并因此失去理智。"[32]

洛克菲勒的谦逊造就了之后的成功。在美国最强大的宾夕法尼亚铁路公司的全力进攻下，他几乎破产。宾夕法尼亚铁路公司总裁做出的决定，几乎击垮了他，但他反而建立了标准石油公司。而这家公司至今仍是有史以来最有价值的公司之一。[33]

任何高管都可能因为狂妄自大而成为受害者，或者可能没有为继任做好充分准备。我目睹过很多成功地实施了精益六西格玛的公司却被一个并不能欣赏过程改进的新 CEO 所破坏。因此，对为股东负责的董事会和私人股本经理们来说，在季度审查和管理层交接期间请求实现第四次制造业革命和人工智能是至关重要的。

　　本书建议读者通过将人工智能和精益六西格玛相结合来紧跟第四次制造业革命的潮流，并提高公司目前的盈利能力，或者帮助公司同第 1 章案例研究中所描述的那样，完成一项艰巨的任务：让一家濒临倒闭的公司复苏。如果你不是一个制造商，那么请一定仔细阅读第 6 章和第 13 章来探索在自己的行业如何应用人工智能。

第 4 章　为什么现在需要第四次制造业革命？

　　英特尔首席执行官很好地回答了为什么现在需要第四次制造业革命的问题：

　　　　几乎每一个你能想到的公司，每一个应用，都会受到人工智能的影响。你将使用人工智能，或者你将被那些使用人工智能的人所取代……我们每天生产大约 100 万个芯片，每个芯片在生产线上拍摄大约 160 万张照片。为什么这个芯片不工作？我们通过人工智能可以用这 160 万张照片与一个合格的芯片进行对比，在几个小时内找到有问题的芯片。你会惊讶地发现，尽管有那么多的公司都有这些资源，但却没有进行相应的投资（来使用这些数据）。

——《公司必须使用人工智能，否则……》，《华尔街日报》2017年10月24日

人工智能通常被定义为"复制人类学习、推理和决策能力的软件算法"。[1] 这个定义严重低估了人工智能的能力。正如我们看到的，人工智能在大型数据库中发现了人类从未发现过的价值模式。因此，人工智能通过描述客户需求的庞大数据集和由此产生的订单履行过程的浪费成本，开启了目前人类无法意识到的盈利机会。根据2017年对1 476家公司的调查，30%的公司目前使用或计划使用人工智能来提高业务运营的效率。[2] 那么其他70%不考虑使用人工智能的公司应该如何保护它们未来的发展不受使用人工智能的竞争对手的影响？在第6章到第8章，我们将展示人工智能运用到实际制造的一个例子。本书的目的是帮助读者自信地开始人工智能之旅。此方法的目标是将人工智转化为增加利润的手段。我们的目标是让以人工智能为导向的第四次制造业革命的转型过程变得更容易且安全。我们这些把第三次制造业革命带进美国的人记得，拒绝放弃第二次制造业革命的原因大多是出于对未知的恐惧。

我们可以轻易原谅一个害怕黑暗的孩子；人生真正的悲剧，莫过于害怕光明的成人。

——柏拉图

有效实施第四次制造业革命的先决条件是什么？在任何公司内，任何转型都必须从首席执行官或财务经理的参与开始。仅仅得到首席执行官的批准是不够的——他必须以倡导者的身份参与进来。转型的准备，希望从 CEO 开始，但也可以从相信公司受到威胁并有勇气作出改变的任何人开始。第一个任务是说服首席执行官，让他相信人工智能对企业的生存非常重要。因此，这本书是为首席执行官、组织中所有潜在的领导者，以及首席执行官参与进来后所有其他相关人员所编写的。那么如何做到这一点？CEO 们都很忙，他们通常没有时间去研究和理解所有新的管理书籍。

下面是一个从第二次制造业革命到第三次制造业革命转变的重要例子。弗雷德·温宁格（Fred Wenninger，见图 4 - 1）

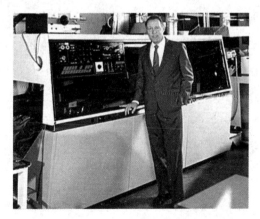

图 4 - 1　弗雷德·温宁格

弗雷德·温宁格的团队在 1989 年对波峰焊机进行了改进，将设置时间从 30 分钟减少到 1 分钟。PC 板按零件号加条形码。对机器进行改造，扫描条形码，调整波的高度、输送角度、传送带速等，将批量从 25 个减少到 1 个。

图片来源：迈克尔·乔治。

多年前曾经管理惠普的柯林斯堡（Fort Collins）分部。当时弗雷德正准备飞往惠普在硅谷的总部，这时一位年轻的工程师走过来跟他搭话："你可以在飞机上读这本书。"这是大野耐一的书《丰田生产系统》。[3]

这本书阐明小批量是好的，而大批量则是不好的。该书描述了一种缩短设置时间的方法，被称为"丰田生产系统的核心"。这让弗雷德觉得不可思议：大家都知道设置一台机器或一条装配线来生产某种产品是需要时间的，你最好把这些成本分摊到一大批产品的多个零件上。但是大野耐一提供了一种将设置时间减少75%的通用方法。之后新乡重夫提供了几十个例子帮助读者理解这个通用方法是如何实现这个目标的。[4] 在飞机上，弗雷德一路都在琢磨这个全新的理念。等他抵达硅谷的时候，他已经成为了丰田生产系统以及利特尔定律（利特尔定律使其变得精益）的拥护者。整个公司在20世纪80年代将柯林斯堡作为实施该方法论的中心，紧接着将方法论普及到吉利汽车和其他公司，都取得了显著的成果。柯林斯堡是美国由大公司试验丰田生产系统的第一站。许多其他公司都以惠普为榜样。而这一切都是从一个工程师开始的。

小机会往往是大事业的开始。

——德摩斯梯尼，公元前320年（雅典的黄金时代）

弗雷德坚信，让CEO参与到这个过程中来是这个方法论成功的重点。

如果惠普的年轻工程师试图只靠自己的力量实现精益方

法，会发生什么呢？迎接他的只有失败和挫折。通用电气鼎盛时期的前首席执行官杰克·韦尔奇是精益和六西格玛的引领者。一个年轻人问杰克，如果他的老板不支持六西格玛计划，他该怎么办？杰克很快回答说：

　　辞职，去一个支持六西格玛的公司！

　　但是美国制造业如何与低劳动力成本国家竞争呢？摩托罗拉的嵌入式通信计算部门在亚利桑那州的业务出现亏损，之后他们尝试将业务转移到一个低劳动力成本国家，结果不仅业务亏损，还导致交付延迟。他们从英特尔挖来了一位新的总经理，并让他来决定是否关闭该部门，他可以自行决定是否将业务和 300 个工作岗位带回美国。他决定把业务搬回亚利桑那州，并且实施精益过程改进，大幅降低了成本和周期时间。人工智能进一步取代了廉价劳动力国家唯一的竞争优势。现已盈利的部门以 3.5 亿美元的价格卖给了爱默生。[5] 这位总经理随后说：

　　我很震惊有这么多的美国/英国/欧洲公司把他们的业务搬到了印度/越南等地。第三世界国家提供低廉的劳动力成本，这对铅笔、玩具等低科技产品很有效。然而，将高科技产品转移到第三世界国家生产，对许多美国公司来说是一个重大错误。

　　为什么像人工智能这样的项目必须从 CEO 或财务经理开始？因为这个功能将改变每个部门的运作方式：

1. 市场营销部门在以更低的成本和具有市场定义的竞争力的交付时间生产更多种类的产品的情况下，可以提供更快的交付时间。人工智能数据挖掘的收入和部分产品型号的工厂利润率将为营销、工程和业务带来机会和挑战。

2. 工程部门将使用四分位距分析来消除和预防异常值的出现，并通过产品型号来评估数据收集的准确性和范围，让内部流程（如路由、设置和工具型号）标准化。它将使用人工智能神经网络工具（在第6章和第7章中将提到）与生产控制相结合，通过检测人类检测不到的地方使成本最小化。

3. 会计部门将衡量日常生产效率来追踪第1章中提及的各项指标，并与工程和运营部门合作来制定人工智能纠错计划，针对低利润率的工厂产品，找出其中无法被检测到的浪费。其目标是"免费"将生产能力提高 10%～20%，将EBITDA 提高到 30%，从而显著提高投资资本回报率。

4. 操作部门将创建人工智能拉式系统以取代现有的精益拉式系统。这将增加在神经网络上生产的不同产品型号数量，从而增加共享设置的概率。它将与工程和会计部门一起关注多余的成本零件数，并创建一个每日人工智能拉式生产计划，使用神经网络调度方法使总设置时间和交付时间最小化。

5. 质量管控部门将使用人工智能去检查更多和更小的批量，并可能在评估后使用准确度超过 99% 的光学模式来识别软件（在第8章中将会阐明），大大超过了人眼检查的准确性。

6. 首席数据挖掘官在大多数公司通常是新设的高层职务。

通过数据挖掘整合了所有信息以识别以前不被察觉的模式和相关性。它将使用大量在 ERP 系统中存在但很少被使用的数据集。从图 1－16（参见第 1 章）中可以看出，数据挖掘减少潜藏浪费的能力出乎所有人的意料。数据挖掘流程需要不间断的长远目标，而这是上述五个部门的运作所不能提供的。

各个岗位的员工都必须相互合作，并配合 CEO 共同制定总体计划。

当前为什么要使用人工智能？

自上世纪 50 年代以来，人工智能一直是一个未实现的梦。当迈克尔·乔治在一家大型半导体公司工作时，人工智能的"专家系统"方法在 1968 年的一次管理会议上得到了首席执行官的强烈推崇。这位首席执行官前瞻性地宣称人工智能是未来的潮流，并且他举了一个与该公司合作的西海岸大型电力公司的例子来证明这个观点。人工智能当时是这样工作的：一名电脑程序员观察了一位水电工程专家应对电网的负荷波动的方法，并试图编写一种算法将观察结果放入"专家系统"中。可不幸的是，"专家系统"没有被客户所接受。类似的早期失败案例导致了"人工智能的冬天"[6]，直到 2012 年，神经网络才成为一种实用的工具，大数据的作用才得到了认可。最终，2012 年云计算资源的普遍性和可用性使得神经网络的快速训练成为可能。

这家半导体公司的首席执行官在 1968 年的预测是正确的，人工智能是未来的潮流——现在来看是一个已经被实现的未来。对于我们第 2 章案例研究中要制造 1 000 个不同的产品型号来说，一个专家不可能理解每部分的通用模式，更不用说在大公司或军事仓库里制造的 2 万种不同的零件。在第 1 章 "无关紧要的多数" 这一节中，我们看到这些以前 "无关紧要" 的大数据潜藏了巨大的浪费，消除这些浪费就可能将 EBITDA从 20％提高到 30％。但是，人类的生产控制 "专家" 可能根本意识不到减少这些浪费的机会。因此，程序员按照专家制定的生产计划去执行的过程就如同让盲人引路。

目前的方案是使用人工智能来发现大数据中的常见模式，而不是像开发 "专家系统" 那样开发算法。这对于计算机科学领域来说是一个重大突破，因为计算机科学局限于开发算法已经 60 多年了。[7] 现在我们使用一个神经网络来找到三个或四个任务，这些任务可以在满足客户生产计划的情况下减少75％的设置时间。运行神经网络所需的计算能力和反向传播算法（参见第 6 章）在 2012 年开始才逐渐变得实用起来。

在下一章中，我们将讨论精益六西格玛应用于车间制造的局限性，为后续章节讨论该问题的人工智能解决方案做准备。

第 5 章　人工智能数据挖掘、产品流程和周期时间

在第 2 章中，我们举例说明了人工智能如何通过查看产品型号、几何形状、工具等的常见模式，在许多不同的零件号中提供了一个减少浪费的新方法。这使得一种设置可以生产来自多个客户不同但相似的零件，而不是只能生产一个客户的一个特定系列，从而降低了市场风险。这些常见的模式以前并不为人所知，因此在生产调度中不被认为是减少设置的一种方法。使用 ERP、拉式系统数据和通用设置（参见第 2 章），让我们在没有对丰田四步快速设置法和 Capto 工具进行投资的情况下实现了 50％～75％的通用设置减少。这是通过数据模拟而不

是资金实现的。

用数据挖掘盈利机会

我坐在我的办公桌前给工厂的车间问题做出的假设解决方案，几乎每次都会和实际情况不一样。当我查看相关的数据，走到车间，我发现我的假设都是错的。这也许可以解释为什么数据会无人问津，因为每一次处理数据都会出现意想不到的事件（比如说在我看来的一个低概率事件，也许是克劳德·香农的数学信息理论的起点，它能让数据传输无误）。每个人都对如何改进工厂有自己的看法，但是数据挖掘试图使用数字和逻辑来代替基于事实的判断。我们试图发现的是工厂里集中隐藏的劳动时间浪费。在与生产 1 000 个零件号的工厂打交道时，每个工厂都有超过 100 个参数的生产方法应用在机器上，这样在 ERP 系统上就有超过 10 万个数据。让我们来看一下海军三个舰队准备中心面临的问题。据美国海军学院 2018 年 6 月 14 日的报道，它每年生产 71 000 台机器和 5 万个不同的零件，其中有 800 台是优先级别最高的。通过通用设置来使成本最小化似乎是一个不可能完成的任务。然而，回想一下我们在第 2 章里得出的反直觉的结论：人工智能拉式组中神经网络可以考虑的潜在部分越多，设置时间总的浪费就越少。

但是，一旦使用人工智能拉式系统将问题按类似的机器组分类，你就可能只考虑本月需要随时交付的 50 到 100 个零件号的数据。现在只处理流经特定机器组的零件号，就只有不到 500 个零件号需要考虑了。

让我们首先来看看在 Okuma LB 车床机器组（共 9 台相似的机器，参见图 5-1）中按零件号分配的设置浪费。我们会先从一个小目标开始，让浪费的设置时间不超过 20%，从而开始数据分析。因此，如果作业时间是设置时间的 4 倍，零件号可以被正常生产出来。但是，如果作业时间不到设置时间的 4 倍，我们需要启动某种特殊的设置减少工作量，并依此来减少浪费，维护合理的业务模型。我们将使用来自 ERP 系统的会计数据来进行相应的改进。

A	B	C	D	E	F	G
	File "Part Jobs 100117 to 032318…04 21 2018" (this is for 6 months of revenue)					
	Tab "LB Setup Data Summary"					
	Cell references to Tab "LB Setup Data"					
	(Machining Time)/ (Setup Time)	>4		<4		Total
1	Number of P/N	38	Row2-39	114	Row42-157	152
2	Revenue $K	1558	J39	1049	J155	2607
3	Total Revenue					2607
4	Cum Setup Hours	542	I39	1502	I135	
5	Cum Machining Hours	5282	K39	1855	K155	
6	Total Setup+Mach Hours	5824		3357		
7	$K Revenue per hour	0.268		0.312		
8	Mach hours/Setup Hours	**9.7**	D41	**1.2**	H158	
9	AVG Factory Margin %	25%	E40	22%	E156	
10	$Factory Margin	390		231		
11	Total $ Factory Margin	620				
12	Avail Hours with 75% Setup Red			1126.5		
13	Factory Margin with 75% redn			28%	F163	
14	$ Factory Margin			294	E163	
15	Additional Revenue $K	301		352		
16	Additional $FM at 28%	75		99		
17	**Total $FM**			392		
18	Current EBITDA at 20% of Revenue					521.4
19	Projected EBITDA with setup reduction					620
20	% increase in EBITDA with no increase in FM%					19%
21	Additional $FM at 45% due to labor reduction			158		
	Projected EBITDA with setup reduction with FM= 45%					680
	File "LB 45% Margin March 28 FS"					30%

图 5-1　部分零件号分析的电子表格

E8 单元格显示，我们花在设置上的时间几乎和我们实际加工零件的时间一样多。如第 1 行所示，75％的产品都发生了上述情况。工厂里每台机器都需要这种分析来指导人工智能的工作。数据通常留在 ERP 系统中，但大部分的数据都未被使用。用来减少特定零件号设置的传统方法的收益都很低，因为它的生产过程平均每年只重复三次。这种浪费是车间制造的特有现象，因为零件很少有一样的路由器。如第 2 章所述，只有神经网络可以将这种浪费减少 50％以上。除了设置时间的浪费，我们还观察到了废料、返工、机器停机时间等方面的浪费。在"航空航天"公司的例子中，用精益六西格玛将这些浪费直接消除后，通过发现 820 个小批量零件的设置浪费，减少了公司在生产能力中的浪费——这个发现让每一个人感到惊喜。首席数据挖掘官必须精通于该方法才能靠它来搜寻浪费，同时需要具有灵活的思维，随时根据数据指出改进方向。"航空航天"公司在生产 820 个零件号时明显存在大量的设置浪费和产能损失。然而精益六西格玛并不能解决这个问题。

作业车间流程问题

当我们靠大数据挖掘出了所有的零件号中大量的意外设置浪费之后，接下来就要理解产品流对制造浪费和周期时间的影响。作业车间应该被设计成区块以生产许多不同的零件号，而这些零件号的路由器不同，且生产批量小。每个批量的数量应由客户定义。第 2 章讨论了作业车间调度问题。我们现在要处理车间的流程问题。

在对应机器的路由器上，每个零件号根据制造方法的文档进行处理，这导致了**混沌流**。例如，执行相同功能的机器通常被分到一个组（如图 5 - 2 中的单元格），这叫作**功能布局**。

周期时间问题。功能布局的平均周期时间可以通过利特尔定律得出。但是功能布局的问题是，特定的零件号何时在流程中出

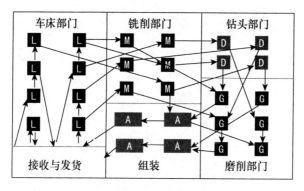

图 5 - 2 功能车间布局

现是不可见的。杰弗里·里克尔（Jeffrey Liker）在《丰田之道》[1] 中正确地指出：

> 可以用来绘制材料路径的一个工具是意大利面图。当我们绘制通过该设施的材料流图时（如图 5 - 3 所示），它最终看起来就像一碗随意抛出的意大利面……产品无处不

在。没有跨部门的产品协调。当系统导致材料向各个方向移动时，再多的调度也无法控制系统内部的变化。

当拉式调度允许材料在机器之间随机移动，里克尔就是正确的。然而，在下一章中，我们将展示人工智能减少混沌的方法是，在制品库存拉式组中，依靠神经网络调度（如第 4 章所述），让零件从一台机器上移动到路由器的下一台机器。通过这种方法，我们可以随时知道零件号在哪个拉式组，以及在一个序列中实际作业的排列，并满足客户交付日期所需的优先级。这样，神经网络重新调度了每一个拉式组。

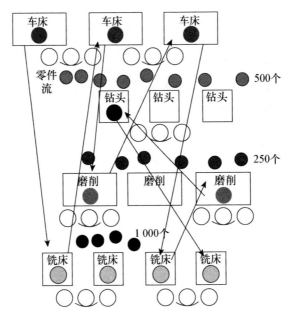

图 5 - 3　功能布局工作流的意大利面图

跟踪作业在功能单元中的动向形成了一个意大利面图。

小结

我们讨论了精益六西格玛和传统作业车间制造的局限性。里克尔正确地指出图 5 - 1 中的机器对机器流的功能布局是混沌的。下一章将展示人工智能神经网络如何消除机器到机器的混沌和在制品困在"意大利面流"中的情况，并因此增加 EBITDA，消除设置浪费，提高准时交付率到 90％以上。

第6章 第四次制造业革命概述

在满足准时交付的前提下，人工智能将按照减少设置浪费大小的顺序来生产大量不同的产品。这消除了第2章中讨论的重要的浪费。如果使用人工智能之前的排序方法，或者仅靠车间制造的启发法规则，公司是不可能消除浪费或准时交付的。如图1-16的第4行和第8行所示，在精益六西格玛实施之后，这种剩余设置浪费在浪费中占比最大。如果可以将消除的大部分劳动力浪费应用于生产，在几乎不需要额外资本投资和劳动力的情况下，通常会将EBITDA占收入的比例从20％提高到30％。因此，人工智能是继传统劳动力和资本后一个强大的新"生产要素"，它可以捍卫企业的竞争地位。

分而治之

我们不会尝试像 JSM 启发法那样一次解决包括 N 个零件号和 M 台机器的整个工厂车间调度问题[1]，因为我们也会面临 $(N!)^M$ 种减少设置时间的排序方法。我们首先将工厂分解成由不同但功能类似的机器组成的功能组。这将使神经网络的计算时间减少到几分钟。

工厂的功能组可以根据人工智能拉式系统功能的不同来划分，方法是将通用的人工智能拉式组的在制品放在同类机器的每个功能部分面前。例如，将所有的 4VA 铣床放在一起，把所有的 LB 车床放在一起，以此类推（如图 6-1 所示）。对于"航空航天"公司来说，通用的人工智能拉式系统的看板只允许存放不超过十个工作日的数据。这个时间是由第 1 章案例研究中每个作业的平均设置时间和加工时间决定的，通常为每台机器 2 个作业。人工智能拉式系统追踪记录路由器中每个拉式组的在制品数量和每天的出口速率。使用利特尔定律，将在制品的数量除以退出速度，得到各拉式组的平均周期延时。被里克尔批判的混沌流，被从一个人工智能拉式组到该组中的一台机器的固定流替换，然后转到该零件号路由器上的下一个人工智能拉式组，在那里由该组的神经网络调度，如图 6-1 所示。

人工智能拉式系统布局组由相近或一样的机型所组成，这

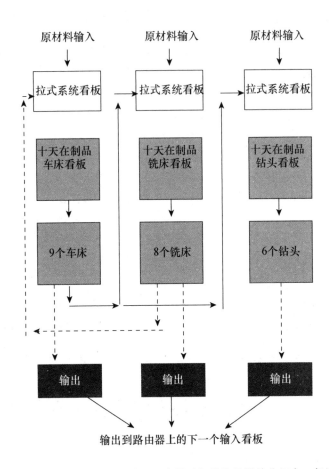

图 6 - 1　加入人工智能的工厂布局（相似的机器被分组在一起）

些机型都共享同一个在制品库存。

将精益六西格玛拉式系统改造为人工智能拉式系统

与图 5 - 3 中缺乏控制的传统配置不同的是，通过改进精益六西格玛拉式系统可以保持对客户进度的绝对控制，具体如下：

看板上限。每台机器发布不超过两个作业到通用的人工智能拉式组的看板。对于 LB 车床，这相当于不到 10 天的工作量。当一台机器即将完成一个任务时，必须为该机器选取最多 4 个新任务。如果完美匹配，设置时间将减少 75%。参照图 6-2 中的实际数据，LB 车床人工智能拉式组"不在机器上"和"在机器上"的工作数量之和约为 16 个，它们分布在 9 台机器上，每台机器大约 2 个任务。此外，大约有 50 个工作为 LB 车床人工智能拉式组或者是比它们的路由器先一步执行。因此，任何人工智能拉式组的最大延迟为 5 天。由于每个零件号在完成之前平均要经过三台不同的机器，这相当于 15 天最坏情况周期时间。另外，每个零件都要经过去毛边、清洁、

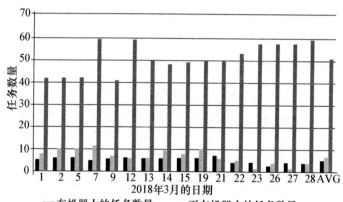

图 6-2　车床组中的任务数量

质检、包装和装运环节。每一步的利特尔周期时间都会被计算出来。如果有外部处理（如热处理、荧光渗透剂等），那么交付周期从一开始就需要减去这些时间。

保持总在制品数量在 50 个以上是很重要的，这样神经网络将有更高的概率找到 4 个几何形状合适且与当前机器运行工作相匹配的零件号。如果有必要的话，我们可以提前一步把工作岗位的数量保持在 50 个以上，在一般情况下，我们可能会在新产品问世的时候还在生产旧产品。现有 50 个任务进行了良好的匹配，因此减少了浪费。当前的云计算速度允许为神经网络"训练"创建新的产品分支界定法和 TSP 启发法，使其领先于生产。下一章将着重讨论此部分。

人工智能拉式组中的 50 个零件都是很好的候选，因为它们都可以在一个月内发货给客户，否则也不会进入人工智能拉式组当中。每个零件号大约需要 2 天的时间来加工。我们不希望一次加工 4 个以上的零件号，因为占用机器太长时间会降低灵活性，从而无法响应客户需求的变化。我们将一次在 50 个零件号的序列中检查 4 个。因此，参照公式 6.1，当 $M=1$ 台机器，$N=50$ 个零件号中的 4 时，必须计算的序列数 $\{S\}$ 为：

$$\{S\} = (N!)^M \ 4 \text{ 个零件号的组}$$

$$= \left(\frac{50!}{4! \ 46!} \right) \qquad \text{（式 6.1）}$$

$$= 230\,000 \text{ 种可能的排序}$$

如果直接使用分支界定法，在几分钟内检查 25 万个不同的序列是不可能的。而人工智能的方法是使用神经网络。神经网络并不是用蛮力来解决问题，而是通过在云计算得出的分支界定法或 TSP 启发式训练实例来"学习"如何获得最优序列。

神经网络的分支界定法训练

通过式 6.1，我们发现共需要检测 230 000 种排序，以确定哪一个设置时间最小的同时仍能按时完成所有 4 个零件号的生产，以满足客户的计划。

最近邻算法。你可能会倾向于选择零件号与即将完成的零件号设置工具最相近的那一个，然后再选择下一个与这一个最相近的，以此类推。这就是所谓的"最近邻"算法，但算法得出的总设置时间一般都不是最低的。这个问题与第 2 章中提到的著名的旅行商问题类似：

给定一个城市列表和每两座城市之间的距离，访问每个城市并返回原城市的最短路径是什么？

我们当前的情况，是想找到 4 个可以被放在一个顺序里的零件号，同时满足它们的总设置时间最小、按时交付、还不需要重新设置制造工具这三个条件。"最近邻"方法通常不产生最小设置时间的原因是，恰好具有几乎相同的工具集（即"最近邻"）的零件号可能导致 4 个零件号的总设置时间不是最小。因为可能还有另一个零件号的工具集不如"最近邻"，但在其他 3 个零件号的簇中，这些零件号非常接近，并且将产生较低的总设置时间。在 230 000 个序列中找到这 4 个部件是组合优化中的一个 NP-hard 问题，没有一般意义上的数学答案。

NP-hard 是什么意思？它的意思是计算最优顺序的时间随着零件号数量呈指数级增长。虽然没有公式能解决这个问题，但我们可以应用迭代方法，即分支界定法[2]，来解决这个问题。约翰·利特尔解释了旅行商问题的分支界定法的解，这样你就可以用铅笔和计算器解决简单的问题。分支界定法将提供一个近乎精确的离线解决方案，来解决总共 50 个零件号中的哪 4 个零件号应该按照何种顺序运行才能使设置时间最小这个问题。结果显示，在不需要任何额外投入的情况下，设置时间成功地减少了 50% 以上！

遗憾的是，分支界定法计算速度慢，不适用于工厂的实时应用。例如，一个关于 7 397 个零件号的问题需要计算机计算 3 年才能找到最优解。[3] 训练的例子中，50 个零件号可以通过电脑用分支界定法在几个小时内解决，然而这个速度对于车间来说还是太慢。但是如果使用云计算，只需要几分钟就可以得出答案，而用不那么精准的 TSP 启发法来解决这个问题会更快。云计算提供了一个包含 50 到 100 个实际发生的零件号作为训练样本。这些不同的例子可以用来"训练"神经网络，由此可以立即解决一个新的问题，这样的特质适用于车间对实时性的要求（见图 6 - 3）。

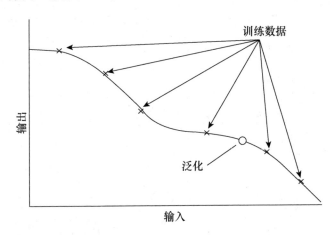

图 6 - 3　训练神经网络

神经网络和深度学习

神经网络的深度学习是一个实用的解决方案，它能寻找设置时间最小化的最佳序列。因此，神经网络方法打破了传统数学的方法，使极大地减少浪费成为可能，并把减少浪费转化为更高的利润和竞争优势。那么，什么是深度学习？目前有两种定义。亚瑟·塞缪尔（Arthur Samuel）把它描述为：

让计算机无须明确编程就能学习的研究领域。

汤姆·米切尔（Tom Mitchell）提供了另一种更明确的定义：

一个计算机程序如果可以从经验 E 中学习某些类型的任务 T 和表现度量 P，那么在任务 T 中的性能（以 P 度量）将随着经验 E 的提高而提高。

在我们这种情况中：

1. E 是分支界定法的解以及之前保留在计算机中的神经网络权值的解。

2. T 是我们的任务：使用即将完成任务的机器 X 的几何图形和生产工具，并在人工智能拉式组中找到最多 4 个零件号（在 50 个零件号中）的组，使该组按顺序运行，从而最大限度地减少设置时间和浪费。

3. P 是我们的表现度量：最小化设置时间，随着时间的推移，在第一步中更改和保存每个输入的权重，设置时间将得到改善。

回想一下，最初的神经网络灵感是在试图理解大脑中的神经元如何进行"学习"[4] 的过程中受到启发而产生的。想想大脑能做的所有事情：看、听、开车、学微积分、吃东西、走路。如果要用传统的计算机架构来完成所有这些不同的任务，每个任务都需要不同的程序——大量精心开发的专业程序——但大脑似乎只有一个程序："学习"。在一个著名的雪貂实验中，通向听觉皮层的神经被切断，取而代之的是视觉神经。结果是：雪貂学会了用听觉皮层而不是视觉皮层来观察。[5]

　　换句话说，大脑只有一个学习算法，不管是看、听还是其他功能。大脑执行视觉、听觉等功能的时候，没有针对每种感觉专门"执行"某个程序。相反，大脑是大规模并行的。它为许多功能提供了大量的并行路径，并通过过去的经验进行"训练"，利用失败和成功来强化"学习"去应对新的问题（例如，改变神经网络的权重）。回想一下在第 2 章中提及的 AWS：使用 NVIDIA GPU 芯片加速深度学习。与大脑一样，NVIDIA 芯片也是大规模并行处理器。[6] 在我们的例子中，由 50 个零件号组成的新组引领由 4 个零件号组成的新组，可以将设置时间最小化。因此，我们寻求通过学习而不是通过数学编程计算来作为解决我们排序问题的方法。训练示例由分支界定法计算的"离线"示例提供。神经网络实际上是大脑中神经元计算机化后的版本，它们是有效的二进制开关，使用输入、计算和存储的重量数据来驱动输出信号。

　　大脑中的神经元是一种具有树突的计算元件，树突可以接受多种输入（见图 6-4）。神经元在计算后决定是否发送或抑制一个电信号从下轴突到另一个神经元的树突，然后再进行一个计算，决定发不发送下一个信号。

　　在人工神经网络（NN）中，几个输入（树突）连接一个计算单元，计算单元向一个或多个其他人工神经元发送或抑制输出信号（见图 6-5）。

　　图 6-5 中的 Σ 表示一个具有内存的计算单元，它根据输入来决定向其他神经元发送什么信号。权重 w_1，w_2，…，w_n

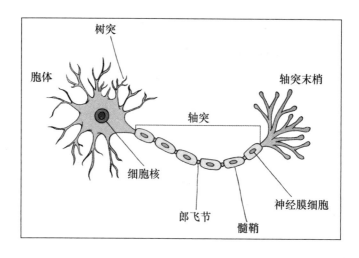

图 6-4　神经元的结构

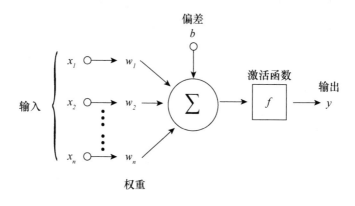

图 6-5　人工神经元的结构

乘以图 6-5 中的每个输入的强度，并通过称为反向传播的反馈进行修改，以使输出与训练示例的输出相匹配。[7] 此过程称为**监督式学习**。我们将几个人工神经元连接到一个人工神经网络中（见图 6 - 6）。在具有多个"隐藏层"的神经网络中，深度学习才被称为深度学习。

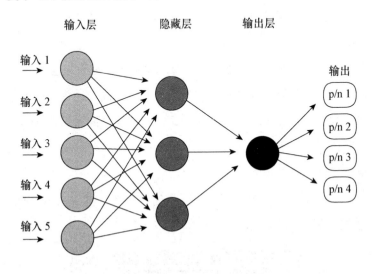

图 6 - 6　人工神经网络的结构

　　给定一组与机器 X 的人工智能拉式组中的零件号相对应的输入，试图找到 4 个零件号，当它们由一台即将完成任务且有给定刀具集的机器生产时，它们的总设置时间最小。神经网络测量每次迭代的总设置时间。它能确定 4 个零件号每次迭代的总设置时间是增加还是减少，并有效地测量迭代之间的斜率。这就是所谓的**梯度下降法**[8]，并希望借此找到一个最小的设置时间。

　　将输出与即将完工且具有特定工具的单个机器分支界定法得出的正确输出进行比较。对于 M 机器上的 N 个零件号来说，可能序列的总数为 $(N!)^M$。在我们的问题中，$M = 1$，

人工智能与精益制造

这大大减少了可能序列的数量。然后，我们将在制品按照人工
智能拉式组进行分类，分解后从 1 000 个降到 50 个不同的零
件号。分支界定法训练示例需要用云计算花费几分钟离线计算
出最优序列，编程运行并生成数千个示例。将一个有 20 个参
数的工具与 50 个零件号进行对比，神经网络就可以尝试得到
最小设置时间解。如果神经网络的答案不正确，对每个神经元
的"权重"$w_1, \cdots, w_n$ 输入进行调整，给出正确的答案，神
经网络将记住被试零件号的工装信息和成功匹配训练示例的权
重，这就是机器学习的过程。

软件程序可以绘制出神经网络的过程图。图 6 - 7 中通过
24 次的尝试，"均方误差"从 100 下降到 10^{-4}。

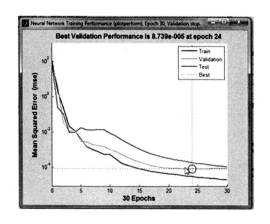

图 6 - 7　Mathworks 软件截图示例

图片来源：MathWorks 软件。

关键结论：当遇到类似问题时，神经网络会在几分钟而

不是几小时内提供最佳解决方案。这种速度对于工厂的实时操作来说是必需的，我们将在接下来的两章中进行更详细的阐述。

人工智能工厂布局

精益六西格玛方法对于工厂布局来说，是将在机器单元中生产具有相同路由器的相似零件放在一起，这对于大批量零件的重复生产非常有效。相比之下，人工智能拉式系统不管是从物理角度还是从生产控制的角度，都是将相似的机器组合在一起。这是一种精益六西格玛十分反对的方法，因为它会导致机器之间流动的随机性，从而无法控制每个零件号的周期时间（见图 5 - 3）。人工智能拉式系统与精益六西格玛有本质的区别。相似的机器共享同一个在制品拉式组输入池，这个池的上限是 10 个工作日的工作量（大约每个机器 2 个任务）。当一个任务完成后，它会被移动到它的路由器上的下一个拉式组，而不是移动到特定的机器上（这个机器上的神经网络识别 4 个类似的任务，并确认所有的任务都按计划顺着路由器进行）。因此，我们将工厂分成若干个上述的组，这些机器可以生产拉式组中的任何零件号。"航空航天"公司的 Okuma LB 车床拉式组在制品中碰巧有大约 50 个零件号可以生产。图 6 - 8 中工厂布局图中的人工智能拉式组用虚线表示。

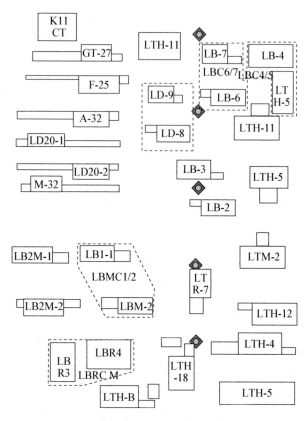

图 6 - 8　基于人工智能拉式组的工厂布局

这种安排的生产数据如图 6 - 9 所示。这个 LB 车床人工智能拉式组已经有 6 个作业。该小组在白班时，6 台机器分配有 6 名操作员，夜班分配 4 名，平均每 3 个作业需要一个操作员去完成。6 个作业的预期完成日期都可以计算出来，我们在 LB4 中假设零件 D 的作业将首先完成，并且它的数据补充包括几何图形、工具集和安装夹具都是已知的。同时平均有大约 50 个作业在等待 LB 人工智能拉式组。这 50 个作业的几何形状、工具集、夹具等都是已知的。

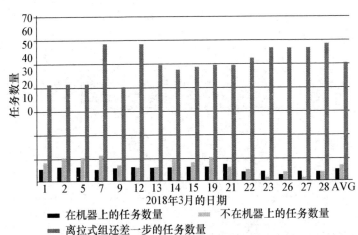

图 6-9 **LB 机床人工智能拉式组的生产数据**

让我们总结并巩固所学的内容。我们将提供人工智能过程的流程图（见图 6-10），然后描述该过程。

步骤 1：为下一个可用的车床确定 50 个候选者。LB 车床人工智能拉式组有 6 台相同的 Okuma LB 车床。让我们假设LB4 即将完成任务。人工智能程序将衡量大约 50 个在人工智能拉式组的任务。其目标是在即将停止工作的机器（本例中为LB4，当前正在生产零件 D）的设置过程中，找到使其总设置时间最小化的零件号。神经网络的目标是找到最多 4 个能够组成一个序列的零件号（E，F，G，H），使其制作零件 D 时总设置时间最小，同时能够准时交付。路由器的每个步骤上每个零件号应完成的日期是已知的，并提供反馈约束。

步骤 2：神经网络解决旅行商问题。解决步骤 1 的问题看

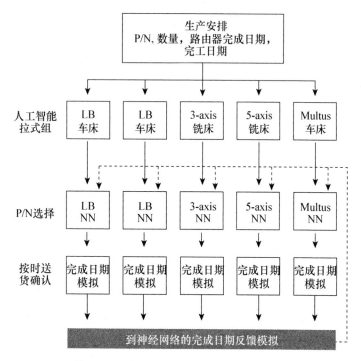

图 6-10 人工智能怎样促进准时交付总结

起来很简单，就是在拉式组中选择下一个零件号，该零件号需
要更换的刀具最少，并且具有与上一个零件号相同的几何图形
（例如，杆直径），然后对第二个零件号等重复该过程，直到四
个作业全部运行完毕。事实上，这种旅行商问题的"最近邻"
方法得出的总设置时间一般都不是最小的。再重复一遍，通常
通过选择比 LB4 上的当前设置稍微远一点的零件号，它与其
他三个总设置时间更少的零件号聚集在一起，这种选择使得总
设置时间低于"最近邻"算法的总设置时间。为什么这个算法
不行？因为"最近邻"算法没有远见，它只能在每个决策点上

看到下一个最佳的零件号，它不能看到具有几乎相同设置的零件号集群，实际上这种情况经常发生。同样的问题使线性规划（LP）在第二次世界大战中快速发展。其中的一个问题是："为了缩短船舶加油的航程，我应该在哪里部署海军油船？"试图用熟悉的微积分方法最小化总距离是行不通的，因为微积分是极其短视的——它只能看到眼前的一点好处。训练后的神经网络可以有效地"看到"230 000个可能的序列（如式6.1所示），并通过分支界定法实例的训练，找到最小化总设置时间的序列。处理过LP问题经验的人都知道要得到目标函数的最大绝对值需要大量的计算时间。我们可以很快地得到最大绝对值的95％，而95％就足够了。对于神经网络也是如此。

步骤3：模拟验证承诺交付日期。 通过连续运行4个低设置时间，我们平均减少了50％到75％的总设置时间。问题是，每个零件号在设置后需要大约12小时来作业，这四个作业总共需要大约55小时。同时，我们需要最后确认所生产的数量能在30天内全部装运。

1. 第一步是验证完成所有四个任务所需的55个小时。这个模拟场景的简化版本出现在第2章的式2.1到式2.3中。

2. 下一步是让人工智能拉式系统验证每个零件号路由器的延迟时间可以满足客户的时间表。这是通过用每个零件号下游的平均延迟时间加上延迟时间的标准偏差的1.5倍来实现的。

3. 最后一步是使用下游的延迟时间来验证人工智能拉式组中剩余的 46 个作业不需要在第 1 项的作业之前完成。

如果第 2 步或第 3 步得出的答案在某个作业上需要"延迟交付",则将流程变为 50 个零件中每次只完成 3 个,这样的情况可能会导致选出不同的零件号和顺序。如果只完成 3 个零件号都不能满足客户的计划,那就尝试只做 2 个。如果仍然失败了,则执行步骤 4。

步骤 4:客户时间安排至上。如果只生产 2 个零件号仍不能按时满足客户的需求,那我们只能随机地设置运行零件,这可能需要 4 个小时。然后分别运行零件,以便我们能够满足客户计划。如果这个人工智能拉式组中的某一个零件没有被排进低生产序列,且对于客户来说是不可缺失的,那么它将在下一台空闲的机器上被随机地生产。这解释了在每个拉式组中至少有一台机器上安装快速设置工具或辅助工具的价值:当你的客户有极端情况时(这种情况经常发生),你可以避免 6 小时的设置时间。如果没有快速设置辅助,而且所有 6 台车床都是满负荷运行,那么就只能购买第七台车床来满足需求。虽然资本回报率可能会降低,但为了公司的口碑,付出的代价是值得的。对于第 2 章中使用的老旧的排序方法来说,因为没有准时交货的限制,所以它经常导致库存大量累积,而这两个问题不会困扰到人工智能神经网络,这证明了数据在这个问题上比美元好用。

下游的行动。假设零件号的路由器要求发货前需要另一个作业步骤，则将该步骤加入到人工智能拉式组里。使用当前的数据重复步骤 1 到 4。因此，如果人工智能拉式组落后于第 3 步中计算出的进度，那么就会生成一个异常报告并传送一个更改过的优先级。因此，下游的任何变化都会提前一步自动更正，以确保准时交付。这与一些 ERP 系统形成了鲜明的对比，这些系统试图在没有利特尔定律或车间修正的情况下预测交付的准确率。

小结

我们概述了第四次制造业革命的主要特征，利用神经网络来解决以前无法解决的最优作业车间制造问题。正如我们看到的，通过搜索数据寻找浪费和寻找消除这种浪费的通用模式这一概念成功地帮助我们用神经网络来使浪费最小化。未来的章节中（如半导体制造、产品开发和项目管理）都将分享本章所概述的方法。在接下来的两章中，我们将更深入地讨论神经网络。

第 7 章　深度学习和神经网络介绍

　　有许多关于人工智能的优秀书籍，其目标读者是计算机专家和程序员。[1] 大多数关于人工智能的书籍都认为读者是与企业管理无关的技术专家。我们认为，为了使人工智能带来更高利润和投资回报比，管理层必须能接触到对业务应用最重要的所有人工智能工具。因此，在数十种可能适合的人工智能工具中，我们专注于深度神经网络中的**监督学习**。在本章中，我们将从一个所有业务主管和经理都熟悉的简单示例开始介绍这些概念：将曲线拟合到一组数据点。在第 8 章中，我们将准备实现一个神经网络来减少制造过程中的浪费，然后应用一个神经网络来解决这个问题。

　　大多数商务人士都用若干次拟合曲线来表示收入或利润的

增长情况。那些使用过过程改进方法（如精益六西格玛）的人熟悉散布数据的测量方法，如平均值和标准偏差。

　　因此，我们从一个熟悉的例子开始，即用曲线和方程的最小二乘法"拟合"一组数据，这种方法也可以在 Excel 或任何类似的软件工具中完成。这种最小二乘法既适用于数据的直线拟合，也适用于对数或指数曲线等的非线性拟合。通常我们用高斯推导的**正态方程**进行曲线拟合。然而，计算机使用正态方程进行最小二乘拟合所需的时长会随着数据点数量的增加而呈几何级增长，因此存在实际的限制。

　　然后我们将展示神经网络如何通过"学习"哪些拥有最适合数据的曲线和方程而不"过度拟合"来解决相同的问题。这是深度学习的一个典型例子。亚瑟·塞缪尔是深度学习的先驱。塞缪尔西洋跳棋（Samuel checkers-playing）程序是世界上最早成功的自我学习程序之一，也是人工智能和深度学习基本概念的早期展示。回想一下亚瑟·塞缪尔对深度学习的定义：

　　　　让计算机无须明确编程就能学习的研究领域。

　　换言之，我们没有直接给神经网络高斯导出的正态方程。相反，我们给它一些随机数据的问题，并通过比较神经网络的输出和来自正态方程样本的正解的反馈来调整输入的权重，训练它拟合数据。神经网络记住了问题和解决方案。给出的训练集越多，它的"学习"速度就越快，这被称为神经网络的监督学习，是人工智能目前提供的最有效和最实用的解决方案。

相比之下，**无监督学习**允许我们在不知道什么变量影响结果的情况下解决问题。计算机在数据和变量中寻找以前不知道的集群。以前的"培训"结果没有反馈。无监督学习的一个例子是在遗传学中确定哪些基因（例如 BRCA2）与前列腺癌相关。虽然这不是本章的主题，但神经网络非常擅长对数据进行分类，根据基因、肿瘤的大小等来确定哪些患者可能患有前列腺癌，哪些患者不太可能患病。

当数据集足够大时，神经网络比用正态方程编程的计算机要快得多。此外，神经网络还可以解决没有公式或公式未知的问题。

下面我们介绍一些之后会用到的定义，我们将使用 $x(i)$ 来表示"输入"变量（设置时间等），这些变量也被统一称作输入特性。我们使用 $y(i)$ 来表示我们试图预测的"输出"变量（周期时间）。我们使用已知的数据 $(x(i), y(i))$ 将 p 个训练实例 $(x(i), y(i))$ 反馈给神经网络，这里 $i = 1, \cdots, p$。

使用我们的训练集，神经网络将"学习"预测输出的周期时间，如图 7-1 所示。

让我们回到拟合曲线的数据点的问题。纵轴称为 y 轴，横轴称为 x 轴。图上的任意一点是由它的 x 值和 y 值确定的。数据和图形如图 7-2 所示。

该曲线是参数 $c_1 = 0.92$ 和 $c_2 = -0.53$ 的最小偏差的平方

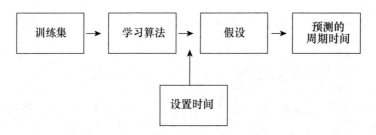

图 7-1　神经网络学习预测周期时间的过程

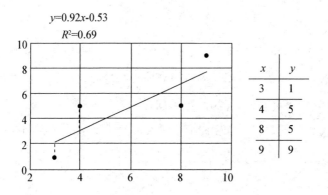

图 7-2　周期时间数据和最小二乘拟合

虚线表示数据点与趋势线的偏差。

和。拉普拉斯在 18 世纪首次使用最小二乘法来校正精确观测所需的天文误差。但拉普拉斯花了 40 年都没有发明最小二乘法。是高斯将该方法与高斯分布和正态分布联系起来，并将解发送给拉普拉斯。当拉普拉斯得知以前向他学习数学的拿破仑正在轰炸高斯的家乡时，他非常震惊。他派了一个骑手去阻止拿破仑，说世界上最伟大的数学家住在那里。拿破仑回答说："我以为你是世界上最伟大的数学家。"拉普拉斯回答说："我曾经是。"德国 10 德国马克纸币的正面是高斯肖像，旁边是高

人工智能与精益制造

斯曲线；背面的右下角是一个星群，其实际位置是通过消除正态误差计算出来的。

最小二乘法也称为线性回归法，也可用于非线性曲线：

$$y = c_1 x + c_2 x^2 + c_3 \qquad (式7.1)$$

而对于 y 是多个变量的函数的情况：

$$y = c_1 x_1 + c_2 x_2 + c_3 x_3 + \cdots \qquad (式7.1)$$

在我们的应用中，除了计算时间过长之外，使用正态方程还有几个弊端。例如，制造的周期时间是由利特尔定律决定的（参见第1章），而在制品数量则是一个含有许多变量的函数，如设置时间、每件加工时间、报废和返工。因此，影响在制品的变量可能比方程数量还多，因此不可能使用正态方程。有些变量如式2.3（参见第2章）是非线性的。直接拟合多项式公式则需要在拟合参数的数量和拟合的顺序（线性、二次、三次等）之间权衡。随着参数数量的增加，拟合的质量通常会提高，但"过度拟合"的风险也会增加，从而产生不反映实际情况的"波动"。通过使用不同范数的正则化来控制过度拟合问题有几种选择。这个过程也可以通过适当地定义未知元素来进行非线性拟合。然而，随着参数数量的增加，即使是在二阶系统中，也很难得出一个具体的能够将输入与输出联系起来的分析方程。例如，对于10个变量，包含线性项和二次项（形式 $(x_1)^2$ 和 $x_1 x_2$ 的项）在内，需要计算超过 $10^2 = 100$ 个参数。一般情况下，解正态方程的复杂性随参数数量的立方增加而增加。

因此，正态方程并不总是一个有用的工具。

示例 1

考虑这样一个系统，其中输出 y 与输入 x 相关：

$$y = 0.7x^3 + 0.6x^2 + x + 3.5 \qquad (式 7.3)$$

假设我们没有权限访问该系统的内部操作或评估。我们要观察的是大量的输入和输出值样本，这些样本可以在云中被离线计算。这些输出会被再次输入进一个有 20 个节点的简单的两个阶段的神经网络，然后用训练过的神经网络来检验不同情况下拟合的准确度。结果如图 7 - 3 所示。这种方法的一个主要优点是不需要预先知道或估计用于函数的顺序或形式。

示例 2

现在让我们看一个不同的系统，其中输出 y 与输入 x 的关系如下：

$$y = 1.2x^4 - 0.7x^3 + 1.6x^2 + 2.1x - 1.5 \qquad (式 7.4)$$

我们使用与神经网络相同的结构（节点数 = 20，阶段数 = 2）和来自新系统的样本对其进行训练。当提供一组新的输入

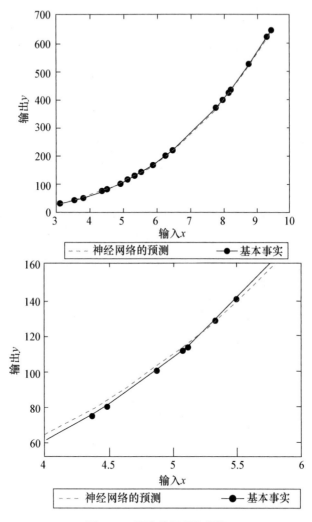

图 7 - 3　两步神经网络训练

　　一个简单的带有 20 个节点的两个阶段的神经网络将使用来自具有三次关系的系统的样本数据进行训练。然后，将训练有素的神经网络用于预测不同输入的输出，该预测的准确性如图 7 - 3 所示。该图的放大版本显示，神经网络的拟合度并不完美，但就所有实际目的而言都非常接近。

值时，经过训练的神经网络的输出内容如图 7-4 所示。结果表明，我们不需要对不同的情况区别对待，可以使用相同的神经网络结构来学习多种不同的输入与输出关系。

在梯度下降法中，使某函数（如 $f(x)$）最小化的一般思路是，从最优 x^* 的某个随机估值 x_0 开始，然后计算该函数的梯度（或导数）。简单地说，我们计算变化的方向（例如改变 $x_0 - a\Delta x$ 的值），让函数的值小于当前值。在每一个新的 x 值处，我们计算梯度，并继续沿着梯度的方向移动，直到函数值的变化低于某个值。有很多书都描述了如何选择参数 a，它提供了在迅速接近最优值和不陷入局部极小值之间的权衡。这种梯度下降过程通常每一步都要进行大量的计算。梯度下降法、随机梯度下降法和小批量梯度下降法等技术的变化形式在文献中也有广泛的研究。

神经网络本质上是用来连接输入变量和输出变量的节点的集合。这些节点被分组收集，其中每一组中的一个节点仅连接到前一组和后一组中的节点。每个节点的连接权值是根据每个问题的自适应方式确定的。例如，考虑一个神经网络，它的输入是一组 10 个变量，x_1，…，x_{10}。下一组的不同节点可以计算变量子集的"迷你函数"。例如，一个节点子集可以计算 x_1 和 x_2 之间的差。后续的节点组可以在这些迷你函数上计算更复杂的函数。一些节点也被用来计算非线性函数。每一对节点与另外一对节点之间的权重与连接关系是以自适应的方式计算的。

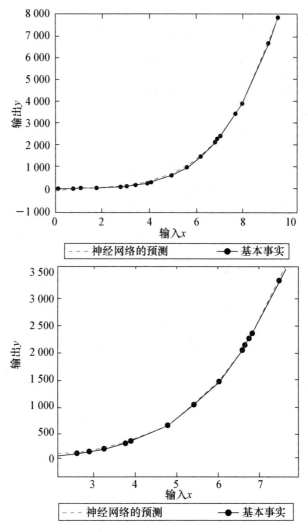

图 7-4　用不同样本重复训练神经网络

使用与前一个例子相同的神经网络结构但用不同的样本训练网络。新训练的神经网络能够准确地匹配系统的四阶输入输出关系。

在神经网络中，我们使用一种称为反向传播的算法来计算"导数"，它的作用是在训练过程的每一步来调整网络的参数。反向传播算法是计算多元函数对其他变量的导数的一种十分巧妙的方法。

下面我们再用一个简单的例子来展示神经网络学习模式的能力。考虑一个需要区分圆和叉的二进制分类问题。构建、训练和测试神经网络的步骤如表 7－1 所示。

表 7－1　监督学习的简单步骤流程图

1	收集/创建一组大的图像，这些图像包括"圆"和"叉"	这些图像应该使用适当的类标签进行标记（例如，圆＝1，叉＝2）。在本章后面显示的示例中（见图 7－7 到 7－9），我们在每个类别中使用了 500 张灰度图像
2	转换成矢量形式	为了便于理解，存储为 2D 矩阵的每个图像都被转换为矢量形式（例如通过将所有列叠加在一起）
3	创建神经网络	根据需要使用尽可能多的隐藏层和节点。网络是用随机权值初始化的。在我们的示例中，我们在第一层使用了 100 个节点，在第二层使用了 50 个节点
4	在神经网络中创建输出层	输出层应该支持如 softmax 分类器之类的分类。该方法使用了一个 softmax 层，使得神经网络可以推广到关于两个以上类别的问题
5	运行反向传播算法	这将训练神经网络中各个节点的权值和偏差值。该算法一直运行到达到所需的停止条件，即性能达到一定的阈值

| 6 | 用一组新的测试图像测试神经网络的性能 | 测试图像应该是手动分类的。这些测试图像应该与训练图像大小相同，并且是矢量的形式 |
| 7 | 将神经网络分类结果与人工分类结果进行比较 | 这将量化神经网络的实际性能。为了进一步调整性能，可能需要对神经网络再次进行一些培训 |

　　在常规用法下，神经网络经过训练后，仅仅是一种根据输入值计算输出函数的方法。在本例中，输入可以是 $L_r \times L_c$ 像素的灰度图像。在神经网络的第一阶段，这些像素值被用来评估各个节点的中间值。每个节点的值都由与该节点相连的节点值的加权的线性组合计算而来，并且可以加入偏差项。偏差项的作用与曲线拟合中的截距相同。我们需要一个"激活函数"，它就像一个触发器，使神经元放电。这听起来像是一个阶跃函数，但是我们可能需要对节点上的"30%"而不是节点上的"50%"求和。然后我们需要计算梯度下降。因此，最好使用平滑函数，在这里我们通常使用 sigmoid 函数（见图 7-5）。

　　具体来说，如果输入节点的值为 x_1，x_2，$\cdots$，x_5，那么一个特定的输出节点 y 值为：

$$y = f(w_1 x_1 + w_2 x_2 \cdots + w_5 x_5 + b),$$
$$这里(x) = 1/(1 + \exp(-x)) \tag{式 7.5}$$

　　在这个方程中，权值项和偏差项分别用 w_i 和 b 表示。我们可以将 sigmoid 函数看作是包含额外平滑度的阶跃函数的推广。阶跃函数可以提供不同的二进制输出值，但在神经网络的

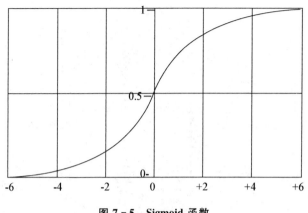

图 7 - 5　Sigmoid 函数

训练过程中并没有用。具体来说，在运行反向传播算法时，我们需要理解更改网络中的任何权值和偏差值是如何影响输出的。换句话说，网络中任何一个节点的权值的微小变化都会对输出产生可测量的变化，如果只使用阶跃函数，则不会发生这种变化。虽然可以使用其他函数来代替 sigmoid 函数，但是 sigmoid 函数的优点之一是它的指数形式可以简化偏导数的计算。如果分类问题包含两个以上的类，则神经网络操作也可以包含其他的推广形式，如 softmax 函数。然后利用这些不同节点的中间值，使用相同的步骤进一步计算下游节点的值，最后神经网络中输出节点的值对应于期望的输出。神经网络的结构如图 7 - 6 所示。

我们设计的神经网络测试样本结果如图 7 - 7 所示。我们测试了 1 000 多张没有用于训练神经网络的图像，发现该网络的分类准确率达到 99.9％。使用大量的训练图像和测试图像

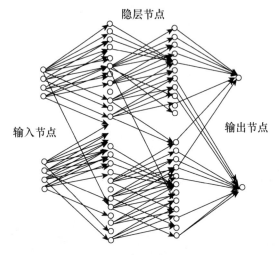

图7-6 神经网络的结构

神经网络中节点的示例说明。在每个节点上，输出值取决于连接到此节点的输入节点值、每个连接上的权重以及添加的任何偏差项。

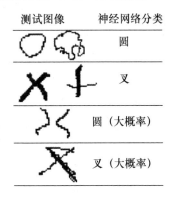

测试图像	神经网络分类
	圆
	叉
	圆（大概率）
	叉（大概率）

图7-7 神经网络测试结果示例

显然，在最后两幅图像中，人类观察者可能无法完全看清图像的分类。

（见图7-8和图7-9）对网络进行再训练，可以潜在地提高准确性。此外，还可以对神经网络的参数进行修改，进一步提高

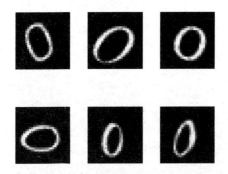

图 7 - 8　用于神经网络训练的"圆"图像示例

样本训练图像的例子在"圆"类别。这些图像来自 MATLAB 的内建样本图像。注意：训练图像中不同的圆是不完整的。

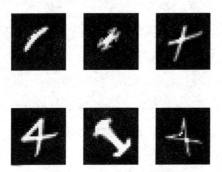

图 7 - 9　用于神经网络训练的"叉"图像示例

样本训练图像的例子在"叉"类别。很明显，有些样本是理想的叉的嘈杂版本。

精度。需要指出的是，朱兰（Juran）发现人工检查的准确率低于 90％。

神经网络的质量是由许多性能指标决定的。与简单的精度度量不同，神经网络还使用诸如真正测度、真负测度、假正测度和假负测度等。不可避免地，在每一个度量之间都会有一个权衡，而神经网络的训练将决定特定的操作点来实现这些度量的某个值。其他由这四个度量标准组合而成的度量标准也在文献中使用。

深度学习的总结和展望

　　神经网络也可以被训练用来解决数学上无法解决的问题，并找到变量之间的不能用不同方程推算出来的关系。注意，在图 7 - 6 中，神经网络由 2 个隐藏层组成。我们将深度学习应用于一个非常简单的问题：将曲线拟合到数据点上。然后，我们可以使用四分位分析将所有数据标记为相关的或离群的"特征"。但是，对于更复杂的问题来说（如同时最小化成本和满足客户的作业车间制造计划这样的问题），一层或两层的"特征提取"实际上是不可能的。这适用于大多数模式识别的人工智能问题。通过将隐藏层增加到 3 层或 3 层以上，神经网络可以自动提取待标记特征。我们将具有 3 个或更多隐藏层的神经网络称为深度学习神经网络，在后面的内容中我们会讨论到这点。因此，深度学习是神经网络深度学习的一个子集。现在，我们将把第 6 章和第 7 章学到的知识运用到第 8 章的作业车间制造上。

第8章 深度学习在制造中的具体应用

在这一章中，我们将讨论三种不同的方法，将深度学习技术应用于制造过程。这些例子绝非详尽无遗，只是为管理层提供了一系列在某种特定背景下可以考虑的选择。

在制造过程中应用深度学习有三种主要方法：作业车间调度、测试和质量控制，以及确定新产品的作业/工具订单，我们将在下面讨论。

作业车间调度

让我们首先复习一下在第 2 章中描述的作业车间制造。在制造过程中，一组机器通常被用于制造大量不同的零件。在大批量生产中，机器的每个设置上运行着同种类型的大量零件，并都使用一个公共路由器。然而，在作业车间中，每次运行过程中通常只生产一小批零件，很少使用相同的路由器。在这种情况下，任何给定的时间点都有大量的零件（N）等着加工，生产这些零件需要 M 台机器。对于每个零件，通常必须使用一系列机器来生产。如果有多台相同的机器可用，其中任何一个都可以在中间步骤中生产特定的零件。我们假定"失败因素"已经消除。

但是，每台机器都需要有限的时间来确保为该特定零件加载和设置所有适当的工具。如果机器刚刚完成生产的一个零件与下一个计划生产的零件在形状和所需工具方面相似，则此设置时间很短。如果上一个零件和下一个计划生产的零件在几何结构上非常不同，并且需要多次更换刀具，则设置时间将很长。在这种情况下，所花费的总设置时间由于没有实际的产出，对制造公司来说是浪费，并导致对客户的交付周期变长。此外，这些零件中的每一个都有一个完成加工的最后期限，以确保它能够进入作业链的下一步，例如测试或特性描述，并将其交付给客户。基本的作业车间调度问题是在满足客户调度的前提下，确定在每台机器上应按什么顺序生产哪些产品，以最小化设置成本。

假定一个公司有 M 台机器，在某个特定的时间点，有工作需要完成，最后期限为 D_j，这里 $j=1, \cdots, J$。每台机器也有一个设置时间，这取决于机器的当前状态（例如，哪一个作业刚刚在机器上完成）以及接下来需要安排哪一个作业。这个设置时间称为 T_{ij}，其中 i 和 j 分别依赖于前一个作业和下一个作业。有利害关系的一般问题描述如下：

- 最小化：在完成所有作业之前，所有机器的设置时间总和
- 使：所有作业在最后期限内完成
- 优化变量：在哪台机器上按什么顺序执行哪些作业

文献中对这一问题的几种变体进行了研究，并提出了几种不同的解决方法。问题形式的变化包括不同的目标函数选择和不同的工作结束模式。包括设置时间的原因之一是，在车间小批量生产系统中，这些设置时间与加工时间相比非常重要，忽略它们会导致工厂的整体效率严重降低。例如，图 1-16（参见第 1 章）显示了实际数据，其中生产 75% 的零件号非增值设置所需的时间与增值作业所需的时间相同！

我们再次回顾第 2 章总结的不同的作业车间制造（JSM）启发法，它通常被用来尝试解决这种作业调度问题，其中包括以下内容：先到先得（FCFS）策略可用于确定在任何机器上处理作业的顺序，这将导致设置时间度长，从而使周期时间变长，批量生产数量变大。另一种可用于最小化平均进程内工作库存的策略是，首先处理在队列中等待的所有作业中处理时间最短的作业。虽然这种最短处理时间策略可能使平均周期时间变短，但它可能会导致需要更长的时间处理作业，从而错过客户的最后期限。确保作业不会错过最后期限的另一种策略是选

择截止日期最早或最早交货期的作业进行处理。这会导致随机设置同时设置时间最大。一种同时考虑处理时间和截止日期的启发法是使用关键比值（CR）来确定作业调度顺序，关键比值的定义是处理时间与产品交付期限之间的比率。

这种方案的其他变化也有人进行了研究。例如，一种称为剩余工作最少（LWR）的启发法将考虑连续操作的数量来确定作业调度顺序。一种考虑处理过程和潜在错误变化的启发法是使用延缓时间（ST）来量化最关键的作业。延缓时间的定义为作业到期时间与产品完成前剩余的处理总时间之间的差值。启发式调度然后会选择延缓时间最少的作业。这种方法不考虑最终的截止日期。

神经网络在解决相似调度问题中的应用得到了关注。[1] 神经网络应用于此类调度问题的一种可能的方式是，首先通过提供多种不同的输入（设置时间、截止日期）和输出（每台机器的处理顺序）组合来训练网络。这些输出可以通过许多潜在的方法得到，例如使用前面描述的任何 JSM 启发法。从本质上讲，神经网络学习的是将输出映射到输入的非线性函数，而这种非线性函数不受任何解析公式的影响。随后，对于任何新的作业顺序和相关的截止期限，都可以从神经网络获得有实际意义的结果。用于训练神经网络的数据可以用上述任何一种方法得到。例如，可以通过优化期望的度量或使用启发式解决方案来获得数据。培训数据中的样本数量和所使用的各种作业的大小取决于生成数据的方法。我们发现，JSM 启发法不如直接分支和约束解的最优序列一样快速有效。例如，如果需要基于大型整数线性规划（分支界定法）的最优解决方案来最小化设置浪费，那么解决方案的计算复杂度就会很高，需要云计算来解决。然而，在第 6 章中，将在制品分解为如图 6-1 所示的拉式组，结果得到 N 约为 50，使得 N 小于 100 的约束成为一个实际限制，这在云计算中是可行的。

示例 1

考虑需要在一台机器上生成的 10 个作业的简单序列。让矩阵 T 给出各个作业之间的作业设置时间，其中矩阵元素 T_{ij}＝从零件号"i"到零件号"j"的设置时间。应注意，通常 $T_{ij} \neq 0$，因为建立相同零件号的另一个作业确实需要质量控制部门进行首件测试，以调节任何刀具的磨损。对所有可能产生 10 个作业的顺序进行排列，结果将得到 $10! = 3\,628\,800$ 个可能的序列。对于每个可能的订单，根据目标函数和约束条件，需要计算多种可能。例如，如果目标只是将总设置时间最小化（假设处理时间总和对于任何生产顺序都是相同的），那么对每个序列来说，将 T 的各个元素简单相加就足够了。然而，已知每个产品的交货时间，以及每一个排列有额外的限制，我们还需要计算每个产品的生产是否满足最终日期截止前完成生产的要求，只能选择在截止日期之前能够完成生产的最小总设置时间。每个产品的完成时间可以计算为正在研究的序列中的当前作业之前进行的所有作业的设置时间和处理时间之和。因此，每个潜在的作业生产序列都需要大量的计算。

示例 2

在作业调度问题的这种变体中，我们考虑这样一种情况：车间里的每台机器选择正在队列中等待的作业。我们之前选择了 4 个作业作为例子。我们也可以尝试 5 个作业，只要完成第 5 个任务的时间不晚于客户的规定日期，设置时间会进一步缩短。假设神经网络从大队列中等待加工的 50 个作业中按顺序选择 5 个任务在本地排列。对所有可能的工作选择进行彻底的搜索需要枚举 2 118 760 个可能的任务选择。对于每一个选择，我们必须评估 5 个被选择的作业的所有可能的顺序，总共得到 254 251 200 个可能的序列。对于每个序列，我们必须评估潜在的设置时间和最后期限，类似于前面的示例。

在这两种情况下，我们不是检查所有可能的排列，而是让神经网络学习给定输入的设置时间和任务完成期限的输出作业序列间的映射。从分支界定法、TSP 启发法到旅行商问题的训练实例为神经网络学习提供了输入。这种神经网络的使用将允许在作业车间作出更快的决策。与以前一样，针对诸如机器停机和需要返工的处理错误等随机问题的神经网络的其他变体，也可以使用随机变体部分地包括在内。

测试和质量控制

在制造过程中使用深度学习的另一个有价值的地方是其高

效的自动化或半自动化的测试过程和质量控制。据朱兰所说，检测缺陷的模式识别软件流程的错误率不到1%，而人工检测的错误率约为14%。[2] 此外，人工智能检测流程的成本效益远远高于人工检测。人的质量控制努力最好应用于因果（鱼骨图）分析、工程防错等创造性过程。[3]

考虑使用作业任务组合来制造复杂组件的过程的例子。最终产品可能对某些属性（如尺寸或线程数）有严格的要求，而对某些其他属性（如油漆颜色）有更为宽松的要求。在整个作业过程中，从原材料到半成品再到最终成品，获取尽可能多的关于零件的测量数据是最理想的。测量可能包括简单的RGB图像（见图8-1）、干涉测量、数量和精确尺寸以及其他可能性。应注意确保测量过程的一致性和可重复性。例如，如果使

图 8-1　可接受的成品（上）vs. 有缺陷的成品（下）

图片来源：迪内什·拉詹。

用 RGB 图像，相机相对于对象的方向和照明度都应该是固定的。

在可能用于质量控制的神经网络的训练期间，重要的是准确地将输出标记为可接受的或有缺陷的（如果适用于简单的二进制分类）或附加标签（例如对不同的缺陷类型进行分类的情况）。此外，这些标记数据必须通过多个步骤（从原材料到最终产品）分配给测量数据，如图 8-2 所示。所有这些数据用于训练一个或多个神经网络，其输入可以是任何特定处理步骤后进行中的工作的测量特性，并且输出是所需的分类标签（可接受的或有缺陷的）。

图 8-2 可接受的零件 vs. 有缺陷的零件

另一个可接受的零件和有缺陷的零件之间区别的例子。在这种情况下，这两个零件之间的区别更加微妙（请参见右图圆心区域内的平坦部分）。

图片来源：迪内什·拉詹。

一旦训练过程完成，这些神经网络可以用于实时质量控制。例如，如果在某一特定步骤之后，所测量的特性表明部件有缺陷，则可以在该点从处理链中删除该特定零件，而无须进行任何进一步的处理，并且可以在处理链的顶部开始新的替换零件。这种中间质量控制过程将减少修复作业缺陷的时间，也节省了作业和劳动时间。在实际的应用程序中，这样的测试和质量控制可能发生在多个步骤中，包括在生产结束时。神经网络的简单应用需要对工厂生产的每种类型的零件进行大量的训练。应用神经网络更复杂的方法是，考虑不同产品类型之间的相似性，并使用这种相似性来确定被测零件的某些部分是否符合可接受的或有缺陷的零件类型。

确定新产品的作业/工具订单

在作业车间制造系统中，经常需要根据客户的修改或新产品的介绍来加工或创建新的零件号。在大多数这样的情况下，执业工程师会查看新零件的设计和规范，以确定使用不同工具的理想选择，以及使用这些工具处理原材料以创建所需零件的顺序。两个不同的工程师可能会在不同的炮塔位置和刀具顺序下得到相同刀具零件号的两个不同顺序来完成任务，这两种情况都是可以接受的，但是会引入非增值设置的浪费。这可能会导致两个完全不同的工具车设置。这也可能导致机械师由于炮塔位置不同而更换刀具，或将一种刀具更换为另一种刀具，除了零件号和供应商名称外，其他方面都相同。这是驱动浪费成本的非增值复杂性的一个常见例子。

新产品的开发。消除非增值复杂性是一个重要的利润创造来源，因为节省了宝贵的专家机械师时间用于增值作业，而不是设置浪费。有效地开发新产品的任务也可以用神经网络来解决。从本质上讲，这个神经网络将输入现有的零件号集和各种工具用于生产该零件的顺序。通过向这个神经网络提供许多这样的处理工具和现有工具的工作指令的例子，它可以学习映射到输出的函数。当遇到一个新零件时，神经网络会检查现有的零件集中哪个零件最接近新产品，然后按照这个顺序开始生产新零件。例如，如果零件 A（见图 8-3 左侧）是现有的产品，零件 B（见图 8-3 右侧）是需要建造的新零件，那么零件 A 与零件 B 相似的部分可以用来建造零件 B 的相应部分。

图 8-3　新老零件相似的工具选择

右侧图显示了一个需要生产的新零件。可以使用与生产现有零件顶部部分相同的工具来生产该零件顶部的部分（左侧图）。

图片来源：迪内什·拉詹。

对于 B 的另一部分，神经网络可以选择其他相似的部分，选择适合它们的工具。神经网络的输出也可以被工程师或经理用来微调作业顺序，包括使用通用工具来调整通用炮塔位置。新产品使用各种工具的处理顺序也可能取决于机器的当前配置，并提供多种可能的解决方案。我们已经发现在两个不同的零件号之间使用相同工具的情况，但是只有 12 个工具的炮塔位置不同，导致不必要的设置步骤。这通常是由于零件 A 的数控程序是由与零件 B 不同的工程师在不同的时间设计的。也有可能在某些情况下，神经网络在其训练中没有遇到任何与需要生成的新零件相似的部分。在这种情况下，神经网络可能无法完全解决这个问题。然而，神经网络的输出基于之前遇到的部分与当前正在考虑的部分最相似，可以为设计工程师提供工具选择和顺序提示。

以上讨论的所有三种情况中，包括参数在内的神经网络的设计和训练都可以在云中完成，然后使用标准笔记本电脑计算资源在工厂或工厂附近对神经网络进行操作使用。因此，在网络边缘不需要昂贵的计算资源。在 5G 的加持下，这些神经网络也可以通过移动平台访问，这使得它们在各种条件下都很容易使用。

到目前为止，我们已经讨论了使用神经网络来检测工具使用和新产品开发设置的常见模式。应该指出的是，神经网络还可以用于检测在 Okuma LB 车床上已经运行的 300 个现有零件号或在 4VA 铣床上运行的 400 个零件号中的这些常见模式。事实上，大多数经营超过 10 年的公司都有通过消除非增值复杂性来减少浪费的巨大机会。[4]

不仅在组件方面，而且在更高级别的程序集方面，即使是新公司也可能成为复杂性的牺牲品。老迈克尔·乔治是国

际电力机械公司的总裁，该公司生产不间断电源以保护大型
计算机的电源。这家公司是一家创业投资公司。该公司最初
设计和生产5千瓦的机器，然后发展到10千瓦和120千瓦的
机器（见图8-4）。工程师们已经为每个额定功率开发了一个
单独的设计，几乎没有通用的功率或控制电路。公司的亏损占
收入的4％。这时，迈克尔从加利福尼亚州的美泰玩具公司聘
请了一名制造工程师作为顾问，并指派了一位非常有创造力的
工程师弗兰基·斯普罗斯（Frankie Spross）来帮助创建一个
共同的设计。八个独立的机械和电气设计被折叠成一个设计，
只有电力变压器、过滤器和可控硅（SCR）元件额定值改
变了。

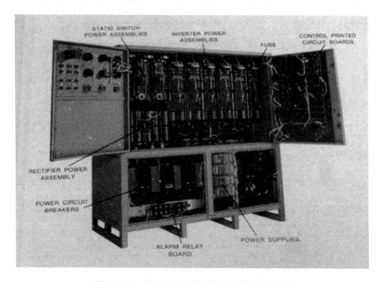

图8-4　10～120千瓦电源的标准设计

资料来源：1981年证券交易公开备案的S1表格。

结果非常显著（SEC 表格 S-1 No. 2-68861）。三年内，公司的营业利润从−4％增长到＋20％，公司被卖给了劳斯莱斯，于是迈克尔得以访问日本。

应用深度学习的注意事项

深度学习是一种非常强大的工具，它在许多领域的应用才刚刚开始。深度学习一定会给许多领域带来革命性的变化，并对我们的文明产生巨大的影响。但是，深度学习必须被谨慎使用。不恰当地使用工具和技术会导致不良的结果，并可能导致该领域受到不公正的指责。所提供的培训数据必须是适当的，并且能够代表在使用深度学习工具时所遇到的数据。如果没有正确地纠正任何引入到工具中的残留偏差，都可能导致低于标准的性能。虽然可以在深度学习框架中构建一些对异常值的预防措施，但是低质量的输入数据终将导致神经网络输出的糟糕结果（垃圾输入、垃圾输出）。人工智能准备情况评估过程的一部分是测量 ERP 系统上的实际数据和标准数据的准确性，以确定标准的准确性是否达标，并且删除了异常值，第 10 章将对此进行更全面的讨论。在几乎所有的公司中，80％的收入都包含在 20％的帕累托分析数据中。因此，准备情况评估主要针对这 20％的数据。将注意力转到至关重要的少数，而不是无关紧要的多数是一个起点。然而，正如第 1 章中的图 1 − 16 所示，根据收益进行的帕累托分析显示了低收益的零件号的巨大设置浪费。通过对设置浪费的帕累托分析发现，它集中在占总体数量 80％却只产生 20％的收益零件上，因此，任命首席数据挖掘官对于从车间获得关于设置和处理时间的准确报告以及适当的帕累托分析至关重要。

使用神经网络的另一个挑战是反向传播算法有时会导致局部极小值而不是全局极小值。在大多数情况下，这些仅是局部极小值的结果仍然可以接受，并且优于其他现有解决方案。在其他情况下，通过继续以动态的方式对神经网络进行再训练，将有可能摆脱仅是局部极小值的情况。在为分类问题训练神经网络时，这两个类的训练数据量可能是不同的。例如，有缺陷的部分可能比可接受的部分要少。用于描述神经网络性能的度量也应该根据应用来确定。例如，在两类之间的二进制分类，如果 A 类只有 1％的概率，比如代表一部分制造错误，神经网络的"所有部分属于 B 类"的声明将有 99％的准确率，但在这个特定的应用中没有任何实用价值。

另一个员工普遍担心的问题是，他们听说机器可能会取代他们，或是他们的工作岗位没有存在的必要。但是，深度学习的目标不是去取代某个人，而是去取代具体的步骤。员工可以利用深度学习将他们的才能集中在更有创造性或更先进的预测或增值活动上。例如，随着在测试过程中神经网络的使用，质量管控工程师的工作会被转移到更高级或更具挑战性的任务中。因此，公司及其员工应当学习人工智能技术以提高竞争力。这是为了前进迈出的步伐。建议管理层联系当地的职业学校和学徒计划，聘请暑期实习生开始学习人工智能，避免技能退化这一问题。德国备受推崇的学徒计划就存在这个问题。

第9章 人工智能拉式系统开发

所有的制造企业都面临着管理在制品库存以维持制造周期的挑战。另一个目标是避免工厂内闲置大量的在制品库存。减少库存可以通过利特尔定律提高速度和灵活性，避免减记，这是最终目标，并直接影响到公司的底线。最后，过多的在制品库存可能会吸收误用的劳动力成本，而这些成本本应用于需要更早交付的产品上，从而导致较差的准时性和现金流。同样的问题也适用于产品开发和项目管理。

精益六西格玛可以非常有效地管理库存、改善计划和调度过程。在制品库存因而减少了 25％到 75％。在 LSS 中加入人工智能的力量可以使这些改进更加引人注目。

在作业车间环境中，人工智能与精益六西格玛过程改进的巨大潜力更令人印象深刻。在这些非重复性生产环境中，库存管理是一项挑战——零件从一个操作转到另一个操作，但随后的零件却遵循截然不同的流程，从而增加了精确计划和调度的复杂性。

在本章中，我们将首先探讨人工智能和精益六西格玛在传统制造环境的拉式系统中的好处，然后在作业车间环境中使用拉式组。通过建立与传统的物资需求计划（MRP）或企业资源计划（ERP）系统相结合的库存管理的人工智能精益六西格玛拉式系统，我们可以得到互补的优势。

拉式系统

使用 LSS 原则的拉式系统非常有效，因为它们能够影响响应客户需求的速度和灵活性。拉式系统的目的是优化客户服务，同时使在制品最小化。任何有流程的地方都应该有在制品控制。在制品过多会搞乱一个进程并延迟其他的一切。在制品过少又会牺牲昂贵的生产能力，造成低效和浪费。在非制造业中，在制品控制的一个典型例子是车辆进入高速公路入口匝道的过程。测光限速器（在制品管控）限制车辆进入高速公路的数量和速度，并根据交通流量和沿路行驶的车辆数量进行计时。这个仪器有助于让交通保持更平稳的流动速度。

每个生产环境都应有在制品控制。根据利特尔定律，这样做对于维持整个流程的交付周期至关重要。显然，与在制品相关的库存会占用现金，但未来 30 天内不需要发货的在制品也会增加应对客户订单数量和零件数量多样性的难度和时间，而这一点是不可避免的。在制品数量少时，更改生产计划和进度表要容易得多。对某个部分的更改做出响应可能会影响该流程中的所有其他部分或影响其他使用相同流程的产品。面对库存所带来的风险以及高额的成本，适当的库存规模是至关重要的。

精益六西格玛拉式系统共有两种：在制品控制拉式系统和补货拉式系统。在制品控制是一定要有的，但不是所有的环境都需要补货系统。在 LSS 拉式系统中加入人工智能可以极大地减少库存，优化计划和调度过程，并减少小批量零件之间的人工智能设置时间。人工智能拉式系统调整拉式组，以适应没有相同路由器的零件（见图 6 - 1）。

在制品控制拉式系统

在制品控制拉式系统通过使用在制品上限来确定最佳的在制品数量。在制品由人工智能拉式组进行分组，这些人工智能拉式组提供相似机器的功能布局（参见图 5 - 2 和相关讨论）。在制品上限是根据客户交付周期、需求、设置时间的减少和能力动态计算的。在制品上限有两个用途：它们限制机器上或流程中的在制品数量，从而确定该步骤的前置时间，并根据神经网络的输出对在制品进行动态排序。这种动态排序的能力是人工智能与六西格玛的核心。

在制品控制拉式系统背后的关键原则是**完成生产后的退出**过程（转移到下一个流程或客户的在制品），让新流程可以开始实施（进入流程的原材料或组件）。此过程确保在制品数量保持恒定。因此，在任何给定时间需要处理或待处理的作业很少。通过控制在制品，前置时间是固定的和可预测的。图 1-2 所示的拉式系统将准时交付率从 52% 提高到大于 90%，它带来的影响是巨大的。

在制品质量高的流程往往有很长的前置时间，且每段时间内也有较大的可变性。人们无法预测任何给定的在制品单元完成该过程需要多长时间。当然，有些零件可以加快速度，但这只会导致其他零件完成得更晚。正如里克尔所指出的那样，作业车间制造从一台机器到另一台机器的意大利面流让这个问题变得更加复杂（见图 5 3）。在人工智能拉式组中，零件从机器流向路由器上的下一个人工智能拉式组并由下一个神经网络进行调度，从而消除了意大利面流。

在传统的非精益环境中，订单在计划指定时公布，之后便投入生产。ERP 或 MRP 系统使用多种生产能力规划工具，试图将已发布的计划与流程实际的生产能力相匹配。但这些都是静态模型，它们不能准确地预测或解释生产层不断变化这一事实。机器损坏、设置时间变长、旷工、零件被刮坏——所有的计划因素在动态的生产环境中都成为无效的了。

　　与以上情况截然不同的是，使用在制品控制拉式系统是为了给新订单的启动留出空间，订单必须完成。在这一过程中保持了一个恒定的在制品水平，从而保持了一个恒定的前置时间，并避免了仅根据计划发布的订单可能会出现的大幅改动。人工智能拉式系统识别在制品中每个任务的位置。简单来说，只在当前作业退出在制品进入成品时才将新任务释放到在制品中。图 9 - 1 说明了在在制品控制拉式系统中成品是如何触发新一轮开始的。

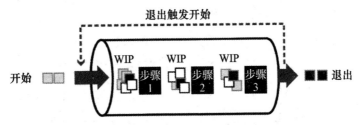

图 9 - 1　在制品控制拉式系统中的触发开始

实施在制品控制拉式系统包括以下循环步骤：

1．确定适当的在制品计量单位。

2．建立在制品上限的最佳尺寸。

3．建立队列管理流程，控制开工顺序。

4．确保流程完工会触发新的开始，维护在制品上限。

5．根据客户要求缩短生产周期。

6．调整在制品上限的大小来满足新的前置时间。

　　我们会对每一步骤进行讲解，解释它们如何在典型的精益环境中完工，并讨论如何使用人工智能来调整这些步骤来让它们更适合车间生产。

步骤 1：确定适当的在制品计量单位

在制品数量可以用单位或**时间**来衡量。数量通常是最容易测量和控制的，例如当完成 100 件任务后（退出流程），100 件新任务可以进入流程。但是如果在不同的流程中所需的工作量变数太多，就需要额外的时间来维持一致的前置时间。

举个简单的例子：假设一个制造过程分为两部分：零件 A 需要 1 个小时完成，零件 B 需要 10 个小时完成。基于数量决定在制品上限会导致一个问题，就是基于在制品中所含零件的作业前置时间大幅波动（如果在制品限制为 100 个，则从 100 小时波动到 1 000 小时）。在本例中，作业时间是更好的度量单位。当 20 小时的在制品已完工就可以再开始 20 小时的在制品。这种组合可以是 20 个零件 A（20×1 小时）或 2 个零件 B（2×10 小时），或者是等于 20 小时的其他组合。以这种方式计算在制品上限，可以确保无论产品的组合如何，前置时间都将保持不变。

使用统计数据来帮助确定度量单位

精益六西格玛使用变异系数（COV）公式来确定以在制品数量作为测量单位是否合理。COV 是用所有零件的作业时间的标准差除以作业时间的平均值计算出来的。如果

COV 大于 2，则数量不能作为度量单位。如果 COV 在 1.5 和 2 之间，则必须考虑其他的因素（如库存成本、交货时间的限制，以及过程灵活程度的重要性）来确定数量是否可取。时间总是可以作为备选的，但它往往是一个比较难被准确追踪和监测的衡量单位，并可能需要定制的人工智能拉式系统。不过这是值得的。

人工智能如何增强度量单位（步骤1）

在调整每个拉式组的在制品上限（以及前置时间）时，还必须考虑整个过程的总前置时间。在作业车间在制品上限人工智能拉式系统中，时间总是一个适当的衡量单位。单个拉式组的前置时间总和不能超过整个流程的预期前置时间。用于拉式组的在制品上限通常被定为可排队等待作业的最大作业小时数，如第 1 章中的"航空航天"公司的情况。这包括设置时间和处理时间。例如，如果在制品上限是工作时间为 8 小时，那么机器上所有队列任务的设置时间和加工时间之和不能超过 8 小时。只有在一台机器上完成了足够多的任务，在制品上限有空间之后，才能启动需要该机器的其他任务。

因此，即使是处于上游操作，但只要最终需要用到此机器的在制品，也将被包括在在制品上限中。传统上来说，在制品上限仅用于限制当前正在机器上等待的在制品。通过人工智能，2 天内被该机器处理的上游在制品都可以包含在在制品上限中，而不仅仅是刚刚到达的在制品。增加人工智能拉式组的潜在工作的数量的好处是神经网络将有更多可选的任务，以便从中选择一个较低的设置时间。

步骤 2：建立在制品上限的最佳尺寸

在制品上限稳定了当前的**流程前置时间**。视制造过程的复杂性而定，可能需要子过程的在制品上限。有两个因素用于确定在制品的上限大小。

第一个因素是**流程前置时间**（PLT），即一个任务通过某流程的速度。计算速度的方法是用工作进程除以退出速率（给定时间段内完工的工作量），参见图 9-2。

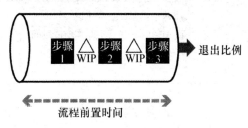

图 9-2　流程前置时间

第二个因素是**流程周期效率**（PCE），即在制品在流程中实际工作的时间百分比。例如，假设整个过程需要 40 小时（如图 9-3 所示），但是在制品实际上只在其中的 5 个小时内工作，如图 9-3 中的方框所示。这 5 个小时是增值（VA）时间。在制品在系统中但未工作的时间是非增值（NVA）时间，这样的时间可以通过在制品上限系统被减少。流程周期效率是通过增值时间除以流程前置时间来计算的。在我们这种情况下就是 5/40 = 12.5%。换句话说，在此过程中，在制品只在 12.5% 的时间内工作。一个完美流程中（步骤之间不存在在制品）的 PCE 应该是 100%。但只要在每个站点的队列中添加一件在制品，就可以将 PCE 降低到 50%。PCE 可以用来度量流程中有多少停滞的在制品。停滞的在制品掩盖了流程中的浪费和低效，只有全部浪费都被消除后，它才得以消除。通过计算当前的 PCE 可以发现在制品数量减少的巨大机会。

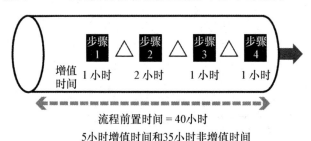

图 9 - 3　增值时间

调整在制品上限

在制品上限的大小可以使当前流程在不同情况下的前置时间变得稳定。例如，当你第一次开始开发一个拉式系统时，很可能在此过程中已经存在大量停滞的在制品。如果是这样的话，就要调整在制品数量上限，直到所有停滞的在制品都被完成。在"航空航天"公司这个例子中，停滞不前的在制品数量相当于车间里多了一个月的库存。如果当前的在制品组合对企业来说不是典型的，那么也要对在制品上限进行调整。根据整个流程周期的复杂性，可能需要设置子在制品上限（用来对某些流程或子流程进行限制，如图 9-4 所示）。

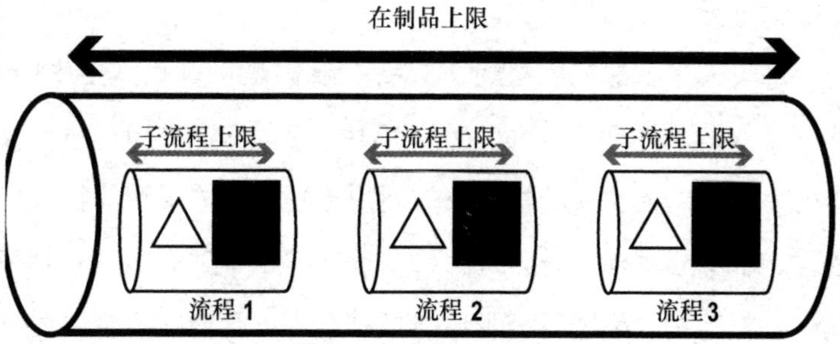

图 9-4　在制品上限

一旦给定流程的在制品上限大小被确定，在制品需要一直减少，直到达到上限为止。一旦达到了在制品上限，只有流程结束才能触发新一轮的开始。也就是说，在结束的任务转移到下一个流程或下一个客户之前，没有新的任务可以进入流程。

人工智能如何提高在制品上限（步骤 2）

人工智能对拉式系统的第一个影响发生在识别在制品上限之前。在经典的精益场景中，在制品上限是为单个机器或为按顺序分组的机器所在的生产单元所建立的。在作业车间，第一步是识别**功能人工智能拉式组**，将相似的机器或流程分组（见图 6-1）。通过这种分类方式，一个单独的队列可以被统一管理。

作业车间必须手动管理在制品上限，并且只包括实际正在机器上等待的在制品。通过添加人工智能就可以监视工厂中的所有在制品并将它们都包含在队列中。每个作业的人工智能拉式组位置是已知的。

每个人工智能拉式组的在制品上限都是可以计算出来的，然后再分别进行管理，以确保库存不会在同一点堆积，也不会妨碍多个不同人工智能拉式组的通用流程。为人工智能拉式组创建一个队列（而不是为每台机器创建一个单独的队列）始终是最有效的排序模型，因为零件可以在人工智能拉式组中的下一台机器可用时被路由到。

在制品上限拉式系统只允许在存在相应出口的情况下启动。如果机器发生故障，在制品上限拉式系统将阻止新工作的进入以最大限度地减少对客户的影响。在过去，要将零件转移到其他机器上或将序列转移到其他线路上，这需要完成大量的手工工作。缺乏机器停机的信息会导致这个流程的延迟。

人工智能能够进行实时改变，并将系统某一步的变化所造成的影响最小化。人工智能与精益六西格玛共同确定哪些机器的工作路线将被改变，以最小化所有的在制品。有了人工智能，在制品上限可以根据客户交付时间和需求、设置时间的减少和产能进行动态计算。在制品上限有两个用途：它们限制机器上或流程中的在制品数量，从而确定该步骤的前置时间。它们还对在制品进行排序，以减少浪费。

使用价值流映射来识别人工智能拉式组

价值流映射[1] 是一个非常有用的工具，可以帮助我们识别哪里需要人工智能拉式组，以及哪些机器或流程可以组合成人工智能拉式组。举个非制造业的例子：在传统的杂货店结账流程中，每台收款机前都是单独的一队。顾客们在几个收款台中选择一个他们认为是最快的队伍然后排队等候，直到轮到自己。其他顾客可能会比先进入一个通道的顾客更早地进入另一个通道，更早地完成结账过程。现在许多超市都为数额小的订单设置快速通道。顾客只排成一队，下一个排队的顾客去第一个可以结账的收银台。银行和零售商店多年来一直使用这种模式。这是一种有效减少排队时间的方法。

一旦作业车间内的全部人工智能拉式组已经确定，在制品上限的最佳大小可以建立在每个组的具体操作参数上。也就是说，被管理的是人工智能拉式组前面队列中的在制品数量。

在制品上限的大小是一个函数，这个函数由人工智能拉式组的机器数量、操作时间（换班、日期）、每个零件的设置时间和运行时间、停机时间、废弃和返工比率以及其他因素组成。在实施传统的精益六西格玛的过程中，随着时间的推移会收集数据，并使用平均值和标准偏差来计算在制品上限，该上限将大到足以补偿这些因素中的变换峰值。人工智能的加入能让所有上述因素都得到实时跟踪和调整，从而保证队列中所需的在制品数量优化成当前最小值。

在一个作业车间里，工厂里的所有在制品都要包括进来以保持在制品上限（不仅仅是已经到达机器的在制品，而是所有最终会被人工智能拉入队列的在制品）。如果没有人工智能，这可能是一项极为艰巨的任务。人工智能拉式组的库存和完成率能实现 ERP 无法得出的精确的实验测量。

步骤 3：建立队列管理流程，控制开工顺序

队列管理流程通过管理准备进入流程的在制品序列来确保在整个流程中保持适当的顺序。历史上，有五种策略被用来建立队列管理流程：

1. 顺序法或先进先出法（FIFO）：这是最简单的方法且易于维护。作业按照从客户处接收的顺序发布到在制品中。人工智能在制品由神经网络调度，以减少设置时间，同时在路由器使用利特尔定律，以确保准时交货。

2. 分类：用此策略，可以用各种标准将工作分组。举个非制造业的例子：机场各种各样的安检队列，例如预检的和未预检的乘客，以及允许飞行员和机组人员优先于其他人的队列。一个关于制造业分类的例子可以是所需的设置数量多少，所需的零件或原材料类型，以及颜色（颜色总是从亮到暗，所以不需要每次都进行转变）。

3. 分享产能：队列管理基于容量，为特定任务分配一定

的百分比，如图 9-5 所示。例如，一种产品或流程的产能是
A，另一种产品或流程的产能是 B，还有一个百分比是 C。A、
B 和 C 的总和是 100％。拆分产能保证所有三种作业类型都将
被完成。不向 B 或 C 提供足够的产能可能会导致它们延迟甚
至根本无法完成。任何时候，如果想保留一定的产能来处理特
定的产品，那么分享产能可能是最佳的队列管理策略。

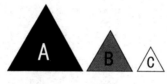

图 9-5　产能分配

　　然而，这种策略的缺点是可能导致存在未使用的产能。例
如，再回到机场安检的例子，如果有专门分给处理预检乘客的
资源但没有乘客在排队，这就是一种典型的产能浪费。与此同
时，所有其他乘客在普通的队伍中等待的时间会变得更长。在
"航空航天"公司这个例子中，神经网络为每台机器分配至少
两个任务，从而避免了这个问题。

　　4. 分类队列管理：这种方法允许在发生意外时保持灵活
性。在急救室里，你可能是"下一个排队的"手臂受伤的人，
直到枪伤或心脏病患者到来，他们会插到你的前面。发生了这
种情况，取决于出现了什么其他紧急情况，你可能会持续几个
小时成为"下一个排队的人"。分类不是一种常见的队列管理
策略。当计划不周时，待处理的事情远远落后，分类法就是这
个情况下的预设值。到这个时刻，并没有一个特别好的办法来

解决这个情况。系统视情况来决定哪一种选择带来的伤害最低。人类用来有效地进行分类的能力需要大量信息来支持，所以很难预测重新排序的所有后果。添加人工智能提高了分类能力，这样每次都可以做出正确的决定，因为前置时间是使用利特尔定律计算的。

5. 扇入扇出法（FOFI）：这不是一个值得推荐的策略，但不幸的是，如果没有人工智能拉式库存管理系统，这将是最常见的队列管理策略。当 FOFI 被调用时，每个人都努力"找到它并在生产中想办法使其加速"。FOFI 会生成"热门"列表，然后是"白热"列表，最后是"岩浆热"列表，这些命名能反映出与这任务相关的绝望程度。混乱接踵而至。

在制造中，前面描述的四种队列管理策略在正确的条件下都很重要，而 FIFO 是最受欢迎的。对于最后一种策略 FOFI 来说，如果能够很好地控制拉式系统，并及时满足客户的需求，那么就不需要使用它。

人工智能如何加强队列管理（步骤 3）

在一个由人工智能与精益六西格玛决定在制品上限的人工智能拉式系统中，动态队列管理能确保作业不会占用之前机器的宝贵容量，从而不会在之后的机器上陷入困境。该系统允许根据车间的实际情况实时更改优先级。例如，假设机器 A 和机器 B 都有两个分别为 A1、A2 和 B1、B2 的队列。A1 和 B1 下一个路由需要机器 C，A2 下一个路由需要机器 D，B2 下一个路由需要机器 E，参见图 9-6。

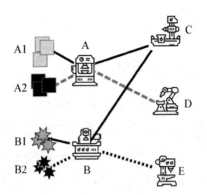

图 9 - 6　复杂流程示意图

当机器 C 出人意料地停止工作后，一个动态队列系统在机器 A 和 B 之间调整优先级，提前安排 A2 和 B2 而不是 A1 和 B1，因为 A1 和 B1 只会困住机器 C。这是一个非常简单的例子，且其本身并不需要人工智能，但在现实生活中，做决定需要考虑到以下因素，其中许多将会发生动态的改变：

- 设置时间和顺序
- 工具要求及磨损
- 可用的原材料
- 客户优先级
- 机器的可用时间
- 下游的产能
- 可用的操作员
- 截止日期
- 任务所需的前置时间
- 废弃和返工

- 所需的流程步骤数

- 批处理大小

在整个过程中，人工智能不仅在最小化在制品方面至关重要，而且还可用于动态更改每个拉式组队列中的优先级。理想情况下，任务是按适当的顺序发布的，然后在整个过程中发布优先级只是简单地先入先出（FIFO）。但在车间工作环境中，机器的每一步顺序都不一样，这时就需要人工智能分析大量数据来帮助确定在制品的最佳顺序。这使整个工厂的生产率最大化，并确保对流程中的操作因素和不断变化的客户需求做出最快和最灵活的响应。

将人工智能集成到队列管理流程中可以灵活地决定使用哪种策略最佳。大多数情况下，简单的答案可能是 FIFO，但人工智能将使用所有正确的因素来找出最优策略，不仅用于确定下一个任务，而且用于管理每台机器上的作业。

步骤 4：确保流程完工会触发新的开始，维护在制品上限

维持一个稳定的在制品上限需要设计一个信号系统，它告诉流程的前端某个东西已经结束并退出了流程。该信号是一个触发器，它会将更多的在制品释放到流程中。一个常见的信号过程是，统计当天的总完工量，然后在第二天计划完成同样多的新任务。但如果在制品的启动持续到第二天，那么在制品的启动时间就会过低，这时就需要设计一个信号系统，以便能够

实时触发工作的启动。

许多制造操作使用**看板系统**。这个系统是为日本丰田而开发的。看板一词在日语中意为"视觉信号"或"卡片"。看板信号系统的确使用了卡片。带有标识信息的卡片与任务放在一起，当工作完成时，卡片从生产线上返回到开始处，作为可以开始另一项任务的信号。如果没有卡片来通知队列中有空间接受下一个任务，就不能开始新任务。另一种发信号的方法是使用红灯和绿灯。在生产线的末端灯变成红色，在生产线的开始处光变成绿色。在一个较为简单的制造过程中，操作员可能会将地上的空位置或空托盘或容器作为指示。

在所有的例子中，最常见的方法是一个可视的信号系统，而不是文字信号系统。电脑系统很容易生成一条文字信息，但出于科学原因，图片胜过千言万语。大脑处理视觉信息的速度比处理文字信息快 6 万倍。无论使用何种信号系统，关键是在制品设限的原则：必须先完成一件事，然后才能开始另一件事。

其结果是，与传统的制造操作不同，人工智能与精益六西格玛的在制品拉式系统并不仅仅依赖于前面讨论过的队列管理策略中的一种——先进先出、分类、分享产能或分类队列管理，当然也不是 FOFI。人工智能为每个人工智能拉式组实时选择适当的队列管理策略。最终的胜出者是分类队列管理方法。

人工智能如何加强在制品上限的维护（步骤 4）

与标准的制造操作（某在制品在整个过程中有一个上限）

不同，车间中每个人工智能拉式组都有在制品上限。当在制品完工时，将允许更多的任务被添加到人工智能拉式组中。信号系统也可能会向上游触发任务，最终到达人工智能拉式组。

回到杂货店结账排队的例子。通常商店经理会监控排队的人数。如果经理决定将在制品数量上限设为 5 个排队结账的顾客，那么当有 5 个人在排队时，就要开新的收银台来缓解拥堵。经理可能只根据站在收银员前面的人数来确定在制品数量上限，或者根据商店中有多少顾客来确定在制品数量上限。如果经理看到大量的顾客涌入，或者知道哪个时段的人流量最大，他可能会决定在预期高峰期之前开放更多的结账通道。

如上所述，在人工智能赋能的在制品控制系统中，将时间作为适当的在制品度量单位是至关重要的。在车间中，需要考虑信号的处理时间。

例如，假设人工智能拉式组的在制品上限是 10 小时。如果一项工作只花了 1 个小时就完成了，这是否可以作为一个触发条件，允许接下来的任务时长为 5 个小时？还是说接下来的工作只能时长为 1 小时？如果将 5 小时的作业添加到队列中，在制品将反弹到 14 小时，这样可以吗？还是应该等到有 5 个小时的工作结束后才开始新的 5 个小时的工作，从而为下一个 5 个小时的工作腾出空间？在没有足够的空间之前引入 5 个小时的大型作业可能会导致严重的延迟情况。但是等到只剩下 5 个小时的在制品时，可能会导致这样的风险：在更多的在制品到来之前，机器将处于空闲状态，或者下游操作的在制品全部用光。

必须为流程中的所有操作建立规章并遵守它们。规章可能说，即使超过在制品上限，一旦有低于上限的空间，就可以开始下一个任务。规章也可能说，必须在有足够的完成品之后才允许新的工作开始。在另一种情况下，人工智能可以根据过程中的所有因素来决定适当的措施。这些都是评估因子，我们将在第 10 章讲述。

步骤 5：根据客户要求缩短生产周期

拥有一个稳定的在制品上限是有好处的，但是仅仅这一步并不能保证你可以满足客户的需求。一个流程可能有 3 天的稳定流程前置时间，但是客户的需求水平要求它在 2 天内交付。如果你有一个稳定的流程，却不能在客户要求的时间内交付，那么你就必须对流程加以改进，以达到式 2.8 的在制品关键比值。这可能涉及增加容量以加快退出速度，或应用 LSS 来进一步减少在制品，和/或最小化或消除 NVA 工作（如检查、运输、存储、排队时间、返工）。

人工智能如何缩短交货时间（步骤 5）

人工智能可以通过动态改变零件的顺序来显著提高交货率，从而最终减少总设置时间和交货时间。假设完成一个流程需要生产 3 个零件：A，B，C。每一个零件都需要一个小时的设置时间和 4 个小时的运行时间，如果按顺序生产，那么总生产时间为 15 个小时（1 ＋ 4 ＋ 1 ＋ 4 ＋ 1 ＋ 4＝15）。但是，如果我在 A 之后运行 C，设置时间只有 6 分钟，因为 C 和 A 的设置相似。现在总的运行时间是 14 小时 6 分钟，也就是减少了 6%。如果这种动态重排序是在整个制造过程中使用神经网络完成的，那么交付时间的改善将是显著的。

步骤 6：调整在制品上限的大小来满足新的前置时间

为了保持适当的前置时间，应定期调整在制品上限的大小。如果对流程进行了改进，从而提高了退出比例，则可以在不影响流程前置时间的情况下相应地减少在制品的数量，如利特尔定律所示（流程前置时间＝在制品数量/退出比例）。在制品数量的减少会导致一次性减少用于库存的现金。

如果目标是减少流程前置时间，则通常可以在不影响退出比例的情况下逐步减少在制品数量。在大多数制造环境中，任何给定时间都只有不到 20% 的在制品在工作，所以大多数在制品只是在等候。因此，随着时间的推移，在制品的少量减少不应影响操作员和机器工作的能力，也不会影响退出比例。减少在制品上限可以实现上述目标。当在制品退出流程时，在目前的在制品级别低于新的在制品上限之前，我们不能开始新的在制品的作业。

在某些情况下，在制品的减少会导致一次性节省大量现金（因为它不用于库存）。这可以为进一步的流程改进提供资金，导致在制品数量的进一步减少，并且这个周期可以为流程改进提供资金。

人工智能如何提高调整在制品上限的能力（步骤 6）

在一个复杂的制造环境中，可能使用数百台机器生产数千个零件，人工智能与精益六西格玛的结合是迄今为止确定和维持在制品上限的最有效的方法。人工智能使系统能够实时地适应不断变化的环境。在大多数情况下，当系统中没有一个计划因素处于平均水平时，有太多的信息人类无法有效地应对。

例如，在制品上限系统只允许有退出后才能开始新的生产。如果机器发生故障，在制品上限系统将阻止新工作进入系统，以最大限度地减少对客户的影响。将零件转移到其他机器上，或将序列转移到其他路由上需要大量的手工工作。运用人工智能，更改是实时进行的，并最小化其中某一步的变化所造成的影响。人工智能与精益六西格玛结合决定什么机器的工作将被重新路由以最小化所有在制品，并同时保持尽可能高的退出比例。

将人工智能集成到队列管理流程中，可以灵活地决定使用哪种策略。大部分时间可能是使用先进先出法，但人工智能将使用所有正确的因素找出最优策略来最小化设置浪费，不仅决定哪些工作是未来要进行的，还管理每个机器上的工作，并且使用利特尔定律来保证准时交付。

人工智能可以改变日程安排和作业顺序。某操作员开始任务 1，与此同时，别的地方发生意外中断了处理。当操作员完成任务 1 并查看屏幕时，任务 2 已经移到日程安排的最下面，任务 5 变成了下一个任务。通常，无论是 100 项还是 10 000

项，在某个操作开始的任务会被一次性做完，以避免重复的设置成本。但人工智能将决定中断批处理是否是更好的策略。

拉式系统通常会将在制品库存减少 50% 或更多，从而暴露所有其他可以处理和消除的浪费源。这种库存的减少转化为一次性的现金注入，然后可以直接用于消除其他浪费。

作业车间的活力

下面我们总结一下人工智能在制品控制拉式系统的影响。首先要把传统的制造看作是拥有固定的机器顺序或流程。在车间环境中，不存在连续流的概念。大多数产品的生产需要独特的机器和设备设置，以及通过独特的路由器进行独特的处理。无论是零件、产品还是流程，路由器都不是重复的。第一批零件可能从机器 A 开始，然后转到机器 C，再转到机器 D。下一批零件可能从机器 C 开始，然后转到机器 A，再转到机器 B。再下面可能只使用机器 B，以此类推。识别阻塞的操作可能每天都不同，甚至每个小时都不同。

管理整个过程中的在制品数量，并在每台机器上维护适当的调度工作表是一项困难的任务。因为每一项任务的准时交付都是经过确认的，所以人工智能拉式系统使这一任务变得容易。我们的目标是使在制品达到一个水平，使周期时间 τ_R（见式 2.8）符合一周的销售需求但不依赖成品库存。假设目前的在制品是 W_0，每周我们的退出数量为 Λ 个，那按式 2.6

来说，我们需要 $(\text{WIP})_R = \tau_R \Lambda$。

人工智能模拟程序将根据式 2.5 计算交付时间，使用来自人工智能拉式系统的实际数据 B_i、设置时间和制造零件所需的每台机器或工序的处理时间，然后为每个步骤分配一个到期日期。标准的操作模式是根据最近的到期日期在队列中对作业进行排序。当具有不同路由的零件到达共用的机器时，交付处于危险中的零件应该第一个被处理，除非它的交付日期可以用神经网络的有序输出来解决。

为什么公司要花费如此多的时间、精力和金钱在每天的会议上讨论所有工作的情况，列出可以加快进度的选项，并寻找其中最关键的部分？这种队列管理方法不是 FIFO，而是现实中的 FOFI！

为了结束这个疯狂的循环，人工智能与精益六西格玛相结合被用来动态地解释任何制造操作都必须处理的每小时的变化，比如工具磨损、机器故障、操作员生病、处理速度降低、设置没有按计划进行等等。同样，有时候发生了好的事情我们也会超出标准。所有这些因素都应该考虑到平均前置时间中。但作业车间制造的工作环境并不依赖于平均。相反，所有的可变性都是复合的、不平滑的，导致库存、加班和错过客户需求的数量不断增加。所有这些变化都可通过人工智能拉式组的神经网络重新排序来消除。因此，人工智能拉系统提供了准时交付所需的适应性。依赖于静态规划因素，如平均设置时间、平均机器速度和处理时间、平均报废率、刀具磨损等很难足够准确，导致客户订单被错过、客户满意度差、库存过剩或产能过剩，甚至以上的全部。

补货拉式系统

制造环境需要一定的库存总是受益于**人工智能补货拉式系统**。下面考虑一个非制造业的例子。在超市里，顾客去奶制品货架时总是希望牛奶在冰箱里。至少，额外的库存需要在现场库存室，以便人工智能拉式系统立即实施。如果顾客在杂货店的冰箱里看到牛奶，他们可能会换一家商店。于是杂货店必须立即补充牛奶。另一个例子是医院的药物或血液供应。病人不能等着医院从供应商那里订购这些东西。

传统来说，很少有公司优化了补货拉式系统的全部潜力。他们要么认为他们的业务太复杂，有太多的类别，要么只是实现了简单的最小/最大订单点，没有考虑所有复杂的系统因素。补货拉式系统为一个或一组过程建立了最低库存下限（安全库存）。所有的生产都需要一定数量的安全库存。安全库存的数量取决于供应和需求的变化量。然而，根据定义，安全库存应该是"以防万一"的库存，也就是说只是偶尔才需要。安全库存的目的是为了应对产品需求大于平均水平的情况。

当库存降至最低库存以下时，MRP 或 ERP 系统就会出现问题。当这种情况发生时，系统会自动下单以恢复到最大值。由于库存低于下限，到期日被设置为"今天"，这使得订单在下单之前就已经延迟了。这可能会导致不必要的混乱，例如大量的重新调度、更改订单以及供应链从上到下的变化。

基于已经建立的计划因素，这个订单甚至可以拉进未来的订单，和/或改变所需的产品数量。这可能会在供应链上造成恐慌，因为一些安全库存被消耗掉了。基于此，MRP 系统已经添加了额外的工具，如计划时界和其他排序规则，以尝试减轻这种恐慌带来的影响，但这只会掩盖真正需要的计划更改，从而使准确的计划和调度更加困难。

在传统的 MRP 系统中，如果有多个订单在处理中，更改系统将重新安排当前处理的所有订单的日期和数量。在同样的情况下，补货拉式系统将不影响任何未完成的订单，而只影响正在发出的新订单。此外，考虑到需求率、前置时间和与供应和需求相关的变数，补货拉式系统中的最小、最大和安全库存水平都会进行适当调整。因此，预计会消耗一些安全库存，只要在默认或正常的交货时间（而非在紧急情况下）补充就可以了。这消除了所有与传统的最小/最大系统性能相关的焦虑情绪。

简言之，补货拉式系统意识到安全库存只是用来以防万一的，有时需要，但不是一直都需要。库存的大小是通过需求和前置时间以及这些因素的相关变数来决定的。因此，在前置时间充足的情况下，在订单上增加一项额外的任务会让风险最小。

在某些制造情况下，管理层或客户可能会需要库存必须处于就绪状态，以避免客户体验供应过程的前置期。补货拉式系统战略性地计算满足客户需求的最低安全库存量。精益六西格玛公式确定现有库存的大小，以确保客户不会面临缺货，从而最大限度地降低在这些情况下的服务成本。

对于制造商来说，关键的问题是客户是否愿意等待从供应商处订购和购买零件的完整的前置时间，以及生产产品所需的时间。如需现有库存来缓冲这些前置时间，那么请选择补货拉式系统。如图 9 - 7 所示，当库存被消耗时，将发送信号来对库存进行补充。

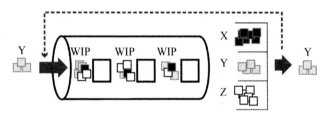

图 9 - 7　人工智能补货拉式系统

Y 的消耗将库存水平降低到库存缓冲区以下，并触发了生产 Y 的更多需求。

将人工智能添加到补货拉式系统中可以可靠地预测需求（包括依据季节进行调整），并考虑到上游、下游和流程内部的所有动态变化。由此产生的库存规模在为客户需求提供最佳的支持的同时，真正意义上使该服务级别所需的库存最小化。

小结

在过去，拉式系统只适用于高需求量、低复杂性的环境。

现在随着人工智能的加入，人工智能拉式系统可以在低需求量、高复杂性和没有共用路由器这种曾经认为非常复杂的环境中实现。在每个人工智能拉式组中，制造过程的变数及其对准时交付所造成的影响将被减弱。人工智能拉式组中每个作业的排序和发布都由神经网络重新规划，以最小化设置浪费，并使用利特尔定律来验证每个拉式组能否按时交付。我们不再需要对曾经遇到的情况（流程中含有大量在制品和漫长的流程前置时间并且不能灵活面对客户需求的变动所导致的大量设置浪费以及交付延迟这类情况）进行妥协。人工智能彻底拯救了我们现在所面临的制造环境。

第10章 进行人工智能准备情况评估

我们从第 1 章的"航空航天"公司学到的是，将精益六西格玛和人工智能合并到一个公司中，从高管用来做出战略决策的数据，到工人在车间执行的最常规的任务，它们在各个层面都产生了深远的影响，深入研究形成有效部署所需的所有细节超出了本书的范围，但我们想大致描述一下在管理层参与和主动性方面将涉及哪些内容。

人工智能准备情况评估的主要目的是确定：

1. 大约有多少美元的浪费存在于公司的流程中，如第 1 章所讨论的。

2. 要消除流程中 50％以上的浪费，还需要哪些额外的培训、实施工作和人工智能软件。

3. 最终目标是让公司组织修改作业车间的实时应对策略，并将其转化为一种竞争优势，即在不增加劳动力、制造费用或资本设备成本的情况下，提高产能 10％以上，同时将准时交付率提高到 95％以上。因为当公司满足自负盈亏时，更高的附加边际利润（也就是工厂边际利润）达到了上限。初始税息折旧及摊销前利润占收入的比例可从 20％提高到 30％，这将增加 50％的股东权益！

你需要完全了解所处的环境，以决定是否并于何时以及如何将人工智能和 LSS 引入公司。在许多方面，这种评估与你在重大重组决定或收购其他公司之前所做的任何其他评估没有什么不同。与任何评估一样，你的领导团队应就时间和目标达成一致，包括需要遵循的流程和程序的详细描述，以及每个步骤将花费多长时间，进行关卡审核，以及向高管进行最后陈述的日期。

完成的评估报告的重点将放在切实可行的优先项目上，这些项目将影响公司的底线。这不是一个基准研究，而是一个如何解决公司面临关键问题的项目清单。本报告将记录团队所采取的评估方法、主要发现、建议和后续步骤：

- 关键调查结果应包括所有已确定的根本原因，以及管理层可能希望在时间允许的情况下解决的其他问题。AI 数据挖掘消除第 2 章中发现的浪费是出发点。ERP 系统的成本信息质量应在车间进行抽样，并通过四分位分析剔除异常值。[1] 估算人工成本的降低，以及由此产生的产能和税息折旧及摊销前利润的增加。

- 这些建议将是用来改善 EBITDA 的优先级列表。这些项目将包括两个人工智能项目以及改善现有的人工智能拉式系统的精益六西格玛评估。需要相应增加黑带与绿带的数量来匹配现有的连续流程改进的强度。每个项目建议都需要在方案中强调解决问题的方法以及实现所需的预期时间。这些建议将包括可能需要咨询专家来解决或者可以由内部团队完成的项目。目标是使公司能够自给自足，独立于咨询服务。

- 通过会计和观察直接评估 ERP 标准数据与实际绩效的准确性。这一步对于神经网络输出序列的有效性至关重要。四分位离群值的结果通常会暴露数据收集中的问题，而这些问题通常不难解决。

本章中，我们将描述我们推荐的准备情况评估的组成部分，并从第 1 章开始研究评估是如何影响"航空航天"公司的实施计划的。

需要评估的绩效因素

准备情况评估侧重于当前的业务绩效，以确定人工智能与精益六西格玛实现的程度。业务绩效可以概括为四个主要绩效领域，每个领域都有各自的指标：

1. **财务表现**：监控企业的财务状况。
2. **有效性表现**：以客户期望的质量进行交付。

3. 效率表现：优化公司所有资源以提高利润——人员、设备、材料和时间。评估 ERP 数据与实际性能的准确性，以满足神经网络的要求（参见第 8 章 "应用深度学习的注意事项"）。

4. 管理和文化表现：通过团队协作、凝聚力、员工士气、个人才能和机会来实现高绩效。

这种分析将产生与第 1 章中讨论类似的特定于每个流程的度量。审查这些数据将作为准备情况评估的一个良好起点，但是可能需要通过与公司各个层级的人谈话来收集额外的信息，亲自观察活动中的流程，并在当前度量标准不存在的情况下执行数据挖掘。

1. 财务表现

从企业的财务健康状况开始评估当前的绩效。度量的例子包括 EBITDA、销售量、市场份额增长和每年的库存周转。通常来说，创建一个价值驱动树的过程是很有启发性的。它可以用来帮助公司明确经济增加值（EVA）在哪里；或它是如何缺失的，如果一个公司表现不佳的话。EVA 是企业税后净营业利润与资本成本之间的差额。

如果 EVA 不是正数，那么意味着公司的一切是没有价值的，即使公司现在看起来是盈利的。除非做出改变，否则从长远来看，股东把钱投到石匠的罐子里都比投到这家公司有更好的投资回报。这种形式的分析产生了第 1 章中的 10 个精益六西格玛指标。这些和其他指标的优先级是特定于公司和市场的。本节的目标是讨论开发十个关键绩效指标的方法，这些指标将帮助公司最大化自己的价值，无论这个公司是私企还是国企。

再举一个例子，图 10 - 1 中分析的公司明明是盈利的，公司的现金流却是负值。而经理们的解决办法只是一如既往地削减直接人工成本。

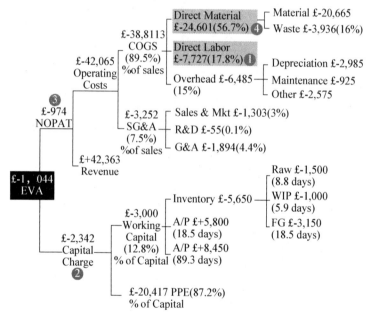

图 10 - 1　价值驱动树

在准备情况评估期间，价值驱动树分析显示，直接人工成本仅为 COGS（商品销售成本）的 17.8％，如图中标记为 1 的灰色阴影框所示。值得注意的是，资本成本（图中标记为 2 的分行）高于净营业利润（图中标记为 3 的分行），导致 EVA

为负。

价值驱动树清楚地表明，改进工作最好被重新引导，用以减少上升的直接材料成本（当时直接材料成本占 COGS 的 56.7%，在图中标记为 4）。同时，还需要共同努力降低资本费用。假设竞争对手是一家上市公司，对上述指标的比较会非常有启发性。

根据这一分析，管理层同意启动项目，以减少库存和周期时间（这在过去不是重点）；更改新合同和销售激励条款，以改善应收账款；合并工厂，以降低工厂、物业和设备（PPE）的成本。

另一个有益的财务分析工具是经济**利润瀑布**。这种分析可以在任何资产基础（公司、工厂、生产线、产品等）上进行。经济利润是投资资本回报率（ROIC）减去加权平均资本成本（WACC）。下面是一个公司不同生产线的利润瀑布示例。瀑布工具按降序显示每个产品线所产生的经济利润的百分比，使用条形图的宽度来表示产生该利润所需的资产基础（条形图越宽表示需要更多的资产）。例如，图 10-2 所示的分析突出了公司各生产线的**经济利润影响**。

这家公司正计划停止生产 1 号线和 2 号线（最左边最高的两条线），因为这两条线使用了许多旧设备。同时由于新产品被导向其他生产线，这两条线的销量一直停滞不前。然而，由于该设备已完全贬值且无须维护，从经济利润的角度来看，这两条生产线的表现实际上是最好的。如果可以在这些线路上运

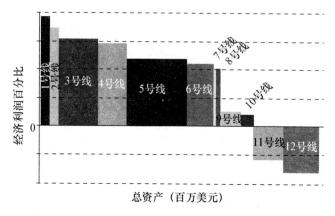

图 10 - 2　利润瀑布图

行更多的产品，并最大限度地发挥它们的能力，会是一个更好的财务决策。

评估还发现，公司在不知情的情况下，正在破坏最右边的11 号线和12 号线所带来的价值，这两条线都是负数。这两条线上的产品需要停止生产或大幅降低成本后外包。

第三个调查领域与 5 号线有关，与产生的经济利润相比，5 号线的资产基础非常大（门槛非常高）。乍一看，这也令人担忧。然而，进一步的分析表明，这是一条新的生产线，拥有昂贵的新设备。市场分析趋势非常乐观，预期随着收入增长以弥补资产成本，这将很快成为表现最好的线路之一。

2. 效用表现

为了评估效用性，评估准备小组必须首先了解公司的市场战略，因为这将决定库存应该放在哪里。例如：

● 如果客户的交付时间较短——客户希望产品在接到订单后立即发货——公司需要成品库存。如第 1 章所述，为了减少成品投资和资本成本，更快的制造周期是必不可少的。

● 如果客户的交付时间稍微长一点，公司可以对某些通用部件进行预加工，然后按订单进行组装。

● 如果客户的期望和需求允许所有的工作在完全前置时间内进行，那么工作仅在收到客户订单（按订单构建）时开始。

你的客户或产品可能属于这两个或多个类别。掌握及时满足客户需求所需的基本知识至关重要，因为在人工智能与精益六西格玛实施过程中，库存的位置将极大地影响人工智能拉式系统（第 9 章详细讨论了人工智能拉式系统）的设计。为了成功地设计人工智能与精益六西格玛实现，所有这些策略都需要通过产品来识别。一旦确定了市场战略，就可以评估业务效用，以确定是否所有的政策、流程和过程都支持此战略。

第 1 章的"航空航天"公司，和许多公司一样，多种市场策略在共同起着作用。有些产品需要以寄售库存的形式为客户保留，以便客户随时提取。大多数产品都是按订单生产的，客户的交付时间包含了购买原材料、制造零件和按时发货所需的时间。然而，在客户的时间表中有相当大的波动，要么是比原来计划的日期更早的要求开始，要么是更早的要求结束。"最大的客户"甚至平均每个月改变一次工作日程。因此，快速的周期时间对于准时交付是至关重要的，这样产品就可以在计划更改之前构建并交付。许多变化是由于客户的 ERP 安全库存算法的"紧张"导致的——但顾客就是上帝。

我们遇到的许多公司都在努力使客户所需的市场战略与规划和调度以及整个供应链中的内部目标和流程保持一致。了解哪里存在问题并及时修正对于有效满足客户要求至关重要。

分析诸如"完全准时"或 OTIF（按时交付的完整订单）、客户质量、可用承诺日期和产品交付周期等指标，以评估业务的效用并确定偏差发生的位置。这意味着，如果已经确定了任何与获得客户所需的能力、客户所需的时间以及客户所期望的质量相关的问题，则必须在部署计划中优先解决这些问题。

许多公司实施了持续改进计划，这些计划只关注劳动效率绩效（用更少的资源做更多的事情），忽略了效率的重要性。这通常意味着公司会倾向于大批量生产零件以降低每台设备的设置成本，这可能会延长前置时间并影响交付准确性。人工智能拉式系统是一个关键的有效工具，因为它们专注于减少和控制在制品，使序列最小化，从而减少生产产品所需的时间。另一个将在评估期间处理的领域是正在计划和安排的批量大小。许多公司没有将减少设置与提高效率联系起来，只把它看作是一种提高效率的工具。相反，设置减少可用于减少批量大小，这将既具有减少在制品的效果，又增加了从一种产品切换到另一种产品的灵活性。这在第 2 章中进行了定量讨论。尽管管理层可能会说客户是最重要的，但实际采取的行动和做出的努力透露了他们心目中不同的优先事项（例如，法令规定在产能至关重要时取消或大幅减少加班开支，或者即使企业缺少关键员工，也会冻结招聘，或者在关键零件短缺的情况下限制库存开支）。然而，实现"线性"就能消除第 1 章中的所有这些问题。

3. 效率表现

准备情况评估还将着眼于公司内部当前的效率机会，第 1 章讨论了其中的一个例子。效率是确保最低限度地使用资源以达到所需的效力。效率指标包括：

- 加班
- 库存数量与周期
- 废弃零件占比
- 返工比例
- 机器停机时间
- 设置时间
- 进程时间，以及设置时间（按进程时间的百分比，按产品）
- 批量大小策略
- ERP 数据的准确性与实际绩效的准确性相比，更适合用于神经网络，使用四分位分析消除"异常值"，以及车间调查

根据公司情形和遇到的问题，许多其他因素需要被考虑。重要的是要确定问题的关键所在，它将为客户和公司带来最大的利益。重点是根据这些好处与执行的努力和成本来确定机会的优先次序。许多公司知道问题所在，只是不知道如何或以何

种顺序解决它们。准备情况评估将清楚地说明这一点。

为了评估效率绩效，准备情况评估包括对制造过程的深入审查。"流程"就是工作如何在工厂中流动的简单方式——但它可能一点也不简单。即使是最优秀的员工也不能适应恶劣的流程。评估所有流程对于实现一个成功的人工智能与精益六西格玛系统是至关重要的。评估流程表现最常见的标准有：

● **流程映射**：是否存在流程映射来显示从收到供应品和原材料到客户交付的工作流程？在人工智能与精益六西格玛中，价值流图不仅显示了工作流程，还凸显了信息和数据的流程。同时确定流程中增值的领域，以及那些有浪费的步骤，如返工、等待时间、运输和停机时间等。在人工智能与精益六西格玛实施和人工智能拉式系统设计中，价值流图被用来分析当前状态，并作为设计过程改进的基础。

● **流程复杂性**：流程的复杂性差异很大。对于价值流图来说，连续的流程可能相当简单，因为每次都按照相同的步骤生产多个产品。传统装配线是连续流程制造的一个例子。作业车间制造是非连续化生产的，它的流程因产品而异，包括步骤的数量和订单顺序。当产品从一台机器移动到另一台机器的过程中，甚至在即将完成前都有可能返回到最开始的机器，重复之前的步骤。大多数机器车间是非连续的流程，需要更复杂的价值流映射。工厂无法决定按照何种类型进行生产，这就是为什么评估必须考虑公司中的流程是如何完成的原因。

● **库存**：库存的两个关键因素是数量和周期。除非你是做奶酪或酒庄生意的，否则不应该让存货滞留太久。准备情况评估将评估当前的库存情况和拉式系统，用人工智能与精益六西格玛评估其中的库存水平。

● **如何计划和安排工作**：虽然大多数公司使用 ERP 系统来集成和管理它们的业务功能，但 ERP 系统的结构和使用方式存在很大差异。准备情况评估着眼于考虑哪些计划因素，设置哪些参数，以及如何协调进度表并将其传达给每个过程步骤。通常，计划和调度系统中的复杂性是库存和供应问题的主要来源。准备情况评估能够找到这种复杂性的根本原因，从而使人工智能拉式系统和神经网络解决方案能够针对每个公司的独特情况进行定制和优化。

4. 管理和文化表现

了解管理结构和公司文化对于确保所建议的变革是一个很好的机会，且是变革可以长期可持续进行的关键。人工智能与精益六西格玛的应用必须与管理组织和员工文化相一致。你可能遇到过这个简单的等式：

结果＝解决方案质量×组织接受度

很明显，管理层的参与和公司的接受对接纳人工智能与精益六西格玛至关重要。无论多么优异的人工智能与精益六西格玛解决方案，都需要根据流程和现有的文化进行调整。

人工智能与精益六西格玛将影响每一个职能部门的运作方式，从营销到工程，从会计到运营，从质量控制到沟通。在整个新系统的设计和执行过程中，需要人力资源和培训参与到变革管理的过程中来。所有这些职能必须协同工作，以支持整体的业务战略。这要从组织的最高层开始，从 CEO 开始。正如第 3 章和第 4 章所讨论的，CEO 必须参与进来，以确保从最高层开始支持这个变革，并渗透到整个组织，而且变革不仅仅停留在口头上，更要表现在行动上。变革型领导在组织的各个层次都是至关重要的。

在《领导力和超越预期的表现》一书[2] 中，伯纳德·巴斯（Bernard M. Bass）认为变革型领导者具有以下特征：

- 诚信和公平
- 有明确的目标
- 有很高的期望
- 鼓励别人
- 给予他人支持和认可
- 善于煽动人们的情绪
- 善于让人们超越自身利益，激励人们去追求不可能的事情

企业并不比它的员工强大。领导层和员工的价值观、态度和士气定义了企业文化，并决定了变革的准备程度。敬业的员工是那些知道自己价值的员工，他们的意见被领导层重视，并且在整个变更管理过程中完全知情。评估期间的面试过程帮助公司倾听这种员工的声音，来确定组织内变革型领导的水平。强烈建议公司对员工的态度进行调查，类似于第 1 章所述。

用准备情况评估来探索文化的另一个方面是，目前是否有一个持续改进的组织。如果是的话，它存在多久了，它是如何构成的？有多少黑带和绿带经训练后可以适应人工智能？它是否以企业为中心，支持本地业务单元，还是由企业拥有？

是否有知识丰富的内部资源可以应用于人工智能与精益六西格玛项目？是否有专家轮换进入公司，他们的表现如何？

需要培训、签约或雇用多少持续改进或其他领域的专家？

哪些持续改进或人工智能项目（如果有的话）正在进行中？哪些项目在过去取得了成功？

文化和流程的相交点

评估的文化部分对于确定员工是否接受新的变革至关重要。

作为一个简单的例子，考虑工厂层面人工智能拉式系统的实现，以及需要建立一个信号（看板）来通知流程的前端，在制品已经退出了流程的末端，因此新的工作可以进入。

当看板系统最初发展时，它依赖于使用随在制品一起移动的物理卡片。当在制品退出时，卡片将回到流程的开始，并附加到进入流程的新在制品中。从那时起，许多其他提供信号的选项就演变了——红灯和绿灯、计算机通知、装满后清空的垃圾箱，以及许多其他技术。

> 评估的文化部分将包括评估哪种选择是最容易接受的，并且最适合公司的现有流程和工作协议。你想对工作方式所做的每一个改变，都需要进行这种详细的分析。

筛选优先行动

许多企业历来都有难以解决的问题。公司学会了与这些问题共存，并做出必要的调整以保持流程的顺畅。但这些问题引出了必须加以解决的根本原因。那些令公司烦恼的问题不过只是"症状"，只要消除其根本原因，那些问题也会迎刃而解。而准备情况评估可以帮助公司找到这些根本原因并提供解决它们的方法。企业往往会把时间和资源花在表面的问题或者是容易解决的问题上，而不是集中在难以解决的问题的根本原因上。

艾森豪威尔矩阵有助于确定问题的优先级。德怀特·艾森豪威尔，美国第34任总统，以因事制宜的能力而闻名。他开发了一个任何人都可以使用的简单决策工具，如图10-3所示。

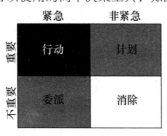

图10-3　艾森豪威尔盒子

　　这个工具被称为艾森豪威尔盒子，它可以帮助确定需要处理的工作的优先级。理想情况下，没有问题会在高重要性、高紧急性这个象限。持续改进的重点应该放在高重要性、低紧急性的问题上，这样问题就不会变得紧急，其目标是避免低重要性、高紧迫性的问题。由于这些问题更容易解决，人们会把大量的注意力放在这些问题上。想要灭火是人类的天性。但它可能是一场可以无限期燃烧却不会造成损害的火灾。象限四中的问题可以适当地忽略或委派给他人。丰田的格言之一是"丰田通过非凡的流程让普通人都可以有卓越的表现"。

　　利特尔定律同样适用于解决问题。企业可能需要很长时间才能解决任何一个问题，因为它需要同时处理太多的事情，而不仅仅是关注几个问题。准备情况评估将需要解决的问题按优先级排序。有些问题需要人工智能与精益六西格玛来实现，但许多问题可以由业务部门解决。无论哪种方式，都有助于获得适当的问题解决优先顺序，并确保解决隐藏其后的根本原因。

"航空航天"公司的评估和行动

　　正如一直提及的"航空航天"公司，准备情况评估强调效用和效率对于解决问题的重要性。否则，客户没有按时收到产品，而公司损失了信誉。与此同时，不断增长的库存成本和计划外的加班花光了公司所有的现金。由于作业车间环境的复杂性，以往的持续改进尝试没有取得多少成果。

首次通过人工智能拉式系统和减少设置来解决效率问题，公司能够在减少库存拖欠和订单时间拖延方面取得进展。通过限制工厂内的在制品数量，缩短了交付时间，从而确保及时完成已开始的工作。随着人工智能拉式系统的实施，在计划和调度中引入了适当的队列管理技术，以确保在产品发布时确定正确的优先级，而不是试图在作业车间的各个阶段都完成后才调整作业顺序。通过人工智能拉式系统控制在制品的另一好处是，由于不需要购买原材料，一次性节省了大量现金。

减少设置是需要解决的第二个领域。在作业环境中，零件在完成前要经过多台机器的加工，缩短设置时间会对整个流程提前产生重大影响。不幸的是，在高混合、低容量的环境中，许多常见的设置缩减技术要么是特定的，因此变化很小（如专用工具或夹具），要么是昂贵的（如快速更改工具）。通过使用第 2 章的通用设置方法，简单的技术将尽可能多的活动从内部设置转换为外部设置，可以大大减少在转换期间占用时间的"不易察觉因素"。在该公司，这段时间占了整个设置的 50％——比如组织工作空间，寻找仪表和工具，或者缺少 Capto 工具。该方法的效率约为丰田四步快速设置法的 75％。评估将确定通过消除这个不易察觉的因素，以及最终通过实施人工智能可以实现的改进技术。除了设置浪费，评估还将调查由于报废、返工、机器停机、库存报废等原因造成的浪费。

了解工作的正确顺序很重要。许多公司会为了节省资金而匆忙停止购买原材料，但这样无法解决及时提供给顾客所需产品的问题。相反，这一行动过程会产生一种复合效应，即让亟须的材料一直处于低量生产的状态，从而降低准时交付率。通过对人工智能拉式系统（即使在不利于此类解决方案的传统环境中）进行适当规模的实施，首先可以满足客户的需求，同时还可以在战略上减少库存。

一旦证明人工智能拉式系统的稳定，就可以应用人工智能技术，通过进一步优化资源，以推动效率收益。但是，试图从一个耗时数周甚至数月的过程中减少劳动时间破局不是一个好的选择。效率的提高应该在客户的效用实现之后再去考虑。

从文化上讲，对这家"航空航天"公司来说，实施一套人工智能拉式系统非常重要。这套系统对操作员透明，尽量减少他们选择下一项工作所需的工作量。在过去，操作员在这方面被赋予了太多的灵活性（部分原因是每台机器前等待的在制品数量太多）。结果是，作业执行的排序很大程度上受到操作员的影响，他们会选择容易的作业、喜欢的作业，或者选择一些对流程有利或不利的其他因素。

考虑到所有这些因素，人工智能拉式系统的最终解决方案是创建一个电子系统，该系统使用了操作员已经熟悉的规划工具。电子系统考虑了机器上当前所有的在制品，以及在通往机器的路上仍然处于上游的在制品，以计算是否将释放更多的在制品到流程中。客户的截止日期、目前落后计划的天数、设置时间、处理时间和其他类似的因素都会影响队列中的作业的优先级。这种情况下，需要花费大量的时间和精力去确定作业的优先级，因为每个部分的流程流动都是不同的。利用人工智能技术，这项任务可以由计算机来完成，因此电子解决方案十分适合。最后的优先级列表会以电子方式呈现给操作员，因此他们所要做的就是确认列表上的第一个作业，在队列中找到它，然后开始设置。管理层很容易根据异常报告来监控操作员是否正确按照时间表执行生产，这有助于"航空航天"公司的快速恢复。

操作数据的准确性以及所有员工的报告纪律都需要严格加以检查。例如，当我们发现一个设置离均值有三个标准偏差时，我们通常会发现一个报告或时钟输入–时钟输出错误。四分位分析法也将被用于检查。利用制定每日异常报告和团队合作来解决此问题。神经网络的输出并不比输入好。这个过程的第一步是对收益进行帕累托分析，确定那些带来80％的收益却只占20％的数量的零件号，并通过此让公司集中精力继续分析最重要的数据。

首席数据挖掘官。在第2章中，我们通过衡量浪费和周期时间的减少与EBITDA的增加，确定了该职位对于实施人工智能与精益六西格玛方案的成果的重要性。由于该职位的重要性，而且大多数公司没有专门设置这个职位，我们建议将设立该职位作为实施人工智能与精益六西格玛方案中的第一步。

形成有效的部署

本章描述了准备情况评估如何为定制的、成功的人工智能与精益六西格玛方案提供必要的基础。评估的前三个部分——财务表现、效用和效率——帮助你了解你的企业在哪些方面正在流失大量现金或造成资产浪费，以及应该保留哪些业务。这有助于你理解人工智能与精益六西格玛方案潜在的意义和地位。最后一个部分的文化评估，可以帮助你理解需要什么（包括领导支持、员工准备和文化适应）来开始一段成功之旅。来自高层领导的承诺是最重要的，其次是知识渊博的改进专家的支持。最后，这些专家和改进项目需要得到公司大多数人的认同。你可以实施变更管理，也可以变更你的管理，但是无论如何，企业文化和改进必须保持一致。

第11章　流程工业中的人工智能精益六西格玛

到目前为止，我们把注意力集中在所谓的离散制造上。每个零件号都有一个物料清单，该清单可能是包含装配、测试说明和指标的该零件组成列表的集合。每个组成列表都有自己的物料清单和路由器，列出了制造顺序中的所有步骤。最后，通常有一种制造方法，其中包含操作员要遵循的工作说明，以及一个质量控制检验流程和指标。1 000个零件号的数百项数据都被保存在 ERP 系统中。

相比之下，流程工业制造用公式或者配方代替了材料清单。一旦按照流程步骤开始生产并检测到缺陷后，通常不像离散制造那样对产品进行返工。相反，当有缺陷的零件被测试出来并报废后，流程的成品率会降低。

尽管存在这些差异，离散工业和流程工业在不同的产品、质量问题和机器停机成本之间都存在设置时间。这意味着，正如第 6 章至第 8 章所述，将人工智能应用于离散制造和流程制造可带来更低的成本、更快的交付时间、更高的利润和资本回报率。与那些选择忽视人工智能作为一种新的"生产要素"的公司相比，那些在制造业中实施人工智能的公司将拥有一种可持续的、可防御的商业模式。流程工业的例子包括炼油、石油化工、纸浆和造纸、涂料、工业气体和军需品，这些都是实施精益六西格玛的实际例子。

半导体制造业

在作者看来，世界上最重要的制造业是半导体制造。2017 年半导体行业前三名的年收入总和为 1 280 亿美元，超过了钢铁行业前三名的 1 170 亿美元。半导体行业收入从 1978 年的每年 40 亿美元增长到 2017 年的 4 000 多亿美元。半导体行业在周期时间、设置成本和质量问题的改变方面比其他流程工业更加大胆，因此被选为证明人工智能潜在能力的例子。半导体流程在周期时间和产量方面的许多经验教训适用于其他流程工业。

半导体工业的特点是产品生命周期很短，只有 2 到 5 年。

但在一本关于人工智能的书中，研究半导体流程有一个重要的原因：半导体是计算速度、遥测技术和内存在短时间内神奇增长的基础技术，而这些技术使人工智能直到最近才变得实用。这些现象的主要驱动力是摩尔定律：

每两年，单位面积上晶体管的数量将增加一倍。

摩尔定律不是物理定律，而是一种数学期望，自 1985 年以来，摩尔定律的发展速度已经放缓（见图 11 - 1 和图 11 - 2）。然而，内存每比特的价格和微处理器的计算成本每年下降 20%～40%[1]，这使得可以解决的问题的规模呈指数增长，使

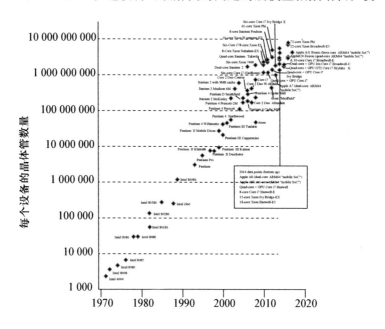

图 11 - 1　计算机芯片创新阐述了摩尔定律

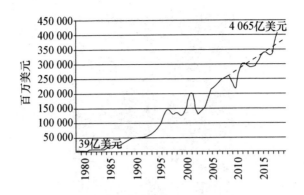

图 11-2 半导体行业收入的增长

得人工智能的实现成为可能。

　　但是，收入的比较并没有揭示出半导体的真正重要性：我们整个现代的计算机技术、手机、互联网商业和人工智能时代都是建立在以更低的成本提高计算速度和内存的基础上的。

　　与人工智能一样，半导体晶体管在对商业产生重大影响之前，也经历了 30 年左右漫长而有趣的潜伏期。第一代晶体管是在 1948 年由贝尔实验室研发的，通过四个 2N404 晶体管将信息存储在 PC 板上，成为了一个可靠的逻辑开关，其价格约为 10 美元（见图 11-3 最右侧和图 11-4）。这是第一台晶体管主机 IBM 7090 的主体，它在 1960 年取代了真空管 IBM 709。7090 的速度是 709 的 6 倍，价格是 709 的一半。7090 只是半导体革命的前奏，它是科技给人类最伟大的礼物。

图 11 - 3　早期的 PC 电路板

图 11 - 4　老式晶体管仍然存在

老式的德州仪器 2n404 锗晶体管仍然可以在网上通过谷歌搜索找到。

相比之下，现代半导体存储器在一个正方形上存储了数百万比特的信息，如图 11 - 5a 和图 11 - 5b 所示。

存储单个信息的成本现在已经低于 1 美分，而且成本和速度的降低还没有结束的迹象。

图 11 - 5a　内存芯片的特写

图片来源：Shutterstock.

图 11 - 5b　每个晶圆片上有数百万个晶体管

图片来源：Shutterstock.

　　考虑到离散制造和流程制造的区别，如果你没有读过前七章的内容，你可能会认为人工智能精益六西格玛对流程工业没什么帮助。情况恰恰相反。首先让我们回顾一下英特尔首席执行官在第 4 章中的评论：

　　　　我们每天生产大约 100 万个芯片，每个芯片在生产线上拍摄大约 160 万张照片。为什么这个芯片不工作？我们通过人工智能可以用这 160 万张照片与一个合格的芯片进行对比，在几个小时内找到有问题的芯片。你会惊讶地发现，尽管有那么多的公司都有这些资源，但却没有进行相应的投资（来使用这些数据）。

这是关于人工智能模式识别能力的一个例子。

实际上，人工智能在流程工业中的应用要广泛得多，包括预测维护（参见第 12 章）、产品开发（参见第 13 章）、最佳调度以最小化设置浪费，同时还可以实现准时交付。回顾第 2 章至第 7 章，每当一个工厂生产大量不同的产品时，就会在设置时间上造成大量的资金浪费（见图 1-16）。

现在，如果一个产品有很庞大的需求，就像亨利·福特公司的 T 型车，需要整个工厂只生产一种产品，那么设置时间和相关的浪费就不存在了，这个过程被称为连续流制造。当个人电脑业务蓬勃发展时，英特尔的情况就是如此。英特尔每两年就会推出一款更新、速度更快的微处理器，使摩尔定律中每单位面积上的晶体管数量增加一倍。如图 11-1 所示，Intel 8086 先后被 286、386、486、Pentia 等产品所取代，整个工厂都专注于一种产品，而且定价非常划算。英特尔为个人电脑生产了超过 90% 的 CPU。问题在于，个人电脑业务的增长率正在下降，而移动芯片业务却在蓬勃发展（见图 11-6），这是英特尔错过的市场。移动芯片由半导体**铸造厂**生产。铸造厂按照客户的设计生产芯片，如高通、英伟达等，但不自行设计芯片。全球最大的半导体代工企业是台积电，该公司目前（2018年）的市值超过了英特尔。

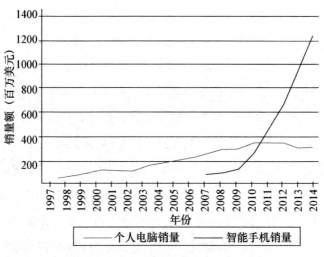

图 11-6　个人电脑与智能手机的销售

移动应用的增长和个人电脑业务增长率的下降迫使英特尔和其他微处理器制造公司转型进入半导体业务。制造厂必须生产许多不同客户所需的不同零件号。这使得公司开始安装半导体加工设备并减少批量大小或"初值圆晶"的数量。如第 6 章和第 7 章所述，连续流制造被作业车间制造所取代。在半导体制造中，流程步骤包括光刻、干蚀刻、湿蚀刻等需要大量的设置时间。大多数设置时间从 30 分钟到 90 分钟不等，少数长达4 小时。在第 6 章中，我们讨论了最有效的调度，以最大限度地实现作业车间制造的利润，而满足客户调度还需要一个神经网络。当市场需要转换到作业车间调度时，习惯于连续流制造经验的制造人员非常抗拒所需做出的改变。相反，他们希望[2]：

1. 保持大批量生产，使设置成本分摊到许多无关的项目中

2. 避免频繁的设置

3. 拒绝减少批量、设置时间和补货拉式系统

4. 相信库存可以缓冲这些改变

换句话说，他们的要求就是"让我们尽量保持现状"，而不是适应市场不断变化的需求。这就是查尔斯·达尔文在本书的开头所描述的走向失败的道路。甚至伟大的亨利·福特本人也被迫在 1928 年放弃了 T 型车的连续流生产。然而，他从来没有接受每一个工厂的多模型生产，直到他的时代结束。由于这个原因，公司原本占有的 60% 的市场份额不可逆转地流失了。正如杰克·韦尔奇所指出的，这就是为什么让高管参与这个改革对公司的未来和你的未来如此重要的原因。

根据图 11-6 中的数据，英特尔最近进入了与台积电竞争的代工业务。台积电正在利用人工智能来控制其制造过程。引用台积电网站的文章如下：

公司进一步开发大数据、深度学习和人工智能架构，识别关键变量，优化产量管理和运营效率，满足客户特殊的流程要求，同时应对多样化的产品需求。[3]

此外，台积电董事长张忠谋最近向英特尔发出了警告：在与台积电的竞争中，英特尔将发现"自己不该涉足这个领域"。他把台积电即将与英特尔的大战，比作苏联与德国在斯大林格勒的大战。[4] 张忠谋是对的吗？只有未来才能告诉我们答案。

我们引用过约翰·D. 洛克菲勒关于对目标的全身心投入的说法（参见第 2 章）。我想让每一位高管都知道，正如李开复在"作者的话"和第 2 章中所讨论的那样，在每一个行业中，让人工智能渗透到公司每一个高管，才是胜利者。为了验证这一说法，我们举一个勤奋和精力堪比洛克菲勒的例子。迈克尔·乔治多年前就认识并十分崇拜张忠谋，当时张忠谋是德州仪器集成电路部门的经理。他最初对数字逻辑电路知之甚少，就像你对人工智能可能知之甚少一样。为了弥补这一知识上的不足，张忠谋每天早上 6 点来上班，接受一位名叫莱恩·肖特（Len Short）的杰出工程师的指导。莱恩向我们解释了 TTL（晶体管-晶体管逻辑）和 MSI（中等规模集成电路）是如何工作的，以及为什么它们比仙童半导体更好。戈登·摩尔（因摩尔定律而为人所知）在仙童半导体公司只犯了一个大错误：他坚持使用过时的 RTL（电阻-晶体管逻辑），它速度慢，浪费电力和客户的系统空间，对噪音更敏感，对于中规模集成电路来说是一个糟糕的选择。[5] 在莱恩的指导下，他致力于用 TTL 提高制造流程的产量和质量，使其近乎完美。德州仪器提供了更好的电路，总能按时交货，并因此主导了该行业。

以前，集成电路部门没有足够快的示波器来测量 TTL 电路的上升时间。张忠谋在所有方面纠正了这种因小失大的管理方式。结果，德州仪器公司取代了仙童公司之前在集成电路领域的领导地位，随后的管理层改组迫使鲍勃·诺伊斯（Bob Noyce）离开仙童公司并创立了英特尔。

张忠谋在德州仪器的工作，只是他随后在台积电 30 年职业生涯的序幕。当张忠谋阅读本书时，他可能正忙于研究和指导人工智能在制造业中的应用。无论在哪个行业，拥有一位具有洛克菲勒、格罗夫或张忠谋那样有勇气的高管都是幸运的，他将利用人工智能实现最快的增长和最高的投资回报。

毫无疑问，半导体行业的幸存者将是那些在质量、产品开发和调度过程中（如第 6 章至第 8 章所述）使用人工智能和深度学习的公司，而不是那些使用第 2 章中描述的启发式调度规则的公司。

但是半导体制造管理的现状如何？大多数公司似乎被困在传统的启发式作业车间调度中。一篇调查文章是这样报道的：

> 调度规则是目前最常用的车间控制工具。这背后的原因是，它们易于实现，对车间中遇到的变化［如热（高优先级）批次的到来］反应迅速，易于理解，并且需要较低的计算开销。[6]

我认为，调度方法的价值是它可以在满足最少的浪费和准时交付的情况下实现以最低的成本达到最高效的制造，而不是上文提到的什么易于实现、易于理解、反应迅速等等。

文章继续写道：

> 调度规则：半导体晶圆厂采用先进先出（FIFO）、最短处理时间（SPT）、最短剩余处理时间（SRPT）、最早交货期（EDD）和关键比值（CR）等标准调度规则，适

用于作业车间或其他行业。另一个问题是，从一种产品类型转换到另一种产品类型通常需要更改大量的设置。

这些是我们在第 2 章中已经提到过的传统作业车间制造启发法。最低的设置成本和准时交付并不是这些启发式优化考虑的参数，同样它也没有使用利特尔定律。这篇调查文章同样认为设置时间是非常重要的，但它没有讨论第 2 章或精益六西格玛的丰田设置减少方法，更不用说第 7 章和第 8 章中介绍的神经网络可能带来的进步。这篇文章表明，半导体行业在很大程度上与精益制造和人工智能的发展脱节。最后，在半导体行业应用神经网络被认为是无效和难以实现的。这个说法只有当工厂的人工智能拉式分解没有像第 1 章中所讨论的那样首先完成时，才是正确的。

台积电证明人工智能、深度学习和神经网络是正确的解决方案。在这个重要并且竞争激烈的行业中，任何公司不使用这些工具都注定要失败。同样，这一论断适用于所有流程工业。

半导体简史

前面的图 11－1 显示了从 1971 年起每个集成电路的晶体管数量的增长。作为人类历史上最重要的技术发展，1971 年以前半导体的起源值得关注。我们将列出年份，然后提供有关事件的评论。

1925 年：许多年来，物理学中有两个问题直到 1925 年仍然没有答案：

1. 氧化铜/金属整流器如何将交流电源转换成直流电源？尽管它们被广泛使用和大量生产，但没有人知道它们是如何工作的。

2. 为什么有些晶体导电，而有些晶体是绝缘体或半导体？

1926 年： 维尔纳·海森堡（Werner Heisenberg）等人发展了量子力学，即电子以波的形式运动并遵循波动方程的理论。他是第一个用量子力学解释磁体如何工作的人，他想用这个新理论来回答上面两个问题。他指派费利克斯·布洛赫（Felix Bloch）求解电子通过晶体周期结构时的波动方程。[7]

1927 年： 布洛赫惊讶地发现电子在晶体中不能以某些禁止的能量流动（参见图 11 – 7)![8]

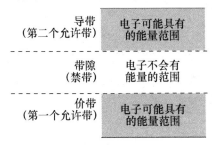

导带 （第二个允许带）	电子可能具有 的能量范围
带隙 （禁带）	电子不会有 能量的范围
价带 （第一个允许带）	电子可能具有 的能量范围

图 11 – 7　图解布洛赫禁带能量（带隙）

1931 年： 诺贝尔奖得主沃尔夫冈·泡利（Wolfgang Pauli）将半导体斥为"肮脏的物理学"。（不要人云亦云。）

1931 年： 艾伦·威尔逊（Alan Wilson）离开剑桥前往莱比锡的海森堡小组。利用布洛赫的结果，他解释了为什么有些晶体是导体，有些是绝缘体，但是含有杂质的半导体可以成为导体。他曾试图解释氧化铜整流器的工作原理，但失败了。

1937 年：德国的肖特基（Schottly）利用威尔逊的结果，解释了氧化铜整流器的工作原理。

1937 年：普林斯顿大学和麻省理工学院在 20 世纪 30 年代末成为固态研究中心，成员包括巴丁（Bardeen）和肖克利（Shockley）。电子波略微超出半导体表面，产生偶极电荷"屏蔽"并阻止了在晶体内部施加控制电子流动所需的外部电场。这就解释了过去控制电流为什么会失败。

1938 年：贝尔实验室创建了一个固态研究团队，并聘用了肖克利，肖克利后来聘用了巴丁。

1941 年：伍德亚德（Woodyard）申请"兴奋剂"专利。硅的最外层有 4 个电子。硼有 3 个电子，因此晶体中的硼杂质原子接受自由电子并产生正的"P"型材料。磷有 5 个电子，是电子供体，产生负"N"型物质。

1942 年：贝尔实验室将硅晶体作为原料研究雷达探测器，意外发现了"P-N"结。

1946 年：慕尼黑的阿诺德·索莫费尔德（Amold Sommerfeld）教授表示，尽管他对晶体中的电子流有着深刻的了解，但至今还没有发现有用的半导体电子器件，这使他感到很恼火。但他没有等太久！

1947 年：巴丁提出可以通过锗上的偏置电压消除偶极子"屏蔽"，并使用电解液提供正电荷。他通过电解液堵塞了一个接点，并施加了一个电压。电流增益为 300，表示点接触晶体管开始工作。

1950 年：肖克利要求戈登·蒂尔（Gordon Teal）用镓做一个 N 型材料的三明治，然后用锑掺杂制成 P 型材料。PNP 三明治成为人们熟悉的结晶体管。肖克利写了《半导体中的电子与空穴》一书，书中完善了这一理论。

1951 年：贝尔实验室举办锗晶体管工业研讨会；通用电气、RCA 公司、雷神公司、西瓦尼亚公司和小型德州仪器公司与会。锗被限制在 85℃下工作。硅可以在 125℃下工作，因此不可能被加工。

1952 年：蒂尔于 1956 年离开贝尔实验室，转投德州仪器公司，试图制造一种硅晶体管。他需要一个物理化学家，所以他在加州理工学院面试了两个新博士。但被他拒绝的那个博士叫戈登·摩尔。

1954 年：蒂尔与另一位博士莫特·琼斯（Mort Tomes）一起开发了一种硅晶体管。在一次 IRE 会议上，蒂尔将一个硅晶体管放大器扔进热油中，结果它继续播放着音乐。所有人为之疯狂。雷神公司的一名高管在电话中喊道："他们在得州得到了硅晶体管！"

1955 年：肖克利从贝克曼仪器公司的阿诺德·贝克曼（Arnold Beckman）那里获得新半导体公司的资金。

1956 年：斯坦福大学工程学院院长弗雷德里克·特曼（Frederick Terman）建议在斯坦福附近建一个基地，于是硅谷就诞生了！肖克利聘用了诺伊斯、摩尔、霍尔尼（Hoerni）

等 8 名杰出人才。

1957 年：肖克利错误指导了他心爱的项目。导致这 8 名人才离开并成立仙童半导体公司。

1958 年：霍尔尼发明了平面工艺，即未来的晶体管。诺伊斯和德州仪器的基尔比（Kilby）发明并申请了集成电路的专利。

1960 年：贝尔实验室的约翰·阿塔拉（John Atalla）发明了金属氧化物半导体"MOS"晶体管。

1968 年：德州仪器凭借 TTL 和 MSI 在集成电路市场占据主导地位，并在半导体领域排名第一。同时德州仪器失去了他们 MOS 团队的领导，并在未来的技术发展中不可逆转地落后于英特尔。

1968 年：诺伊斯、摩尔和格罗夫创立英特尔，在 MOS 存储器市场展开竞争。

1971 年：Intel 4004 四位 CPU 基于自注册硅栅技术开发。

这将半导体历史带入自 1971 年开始的如图 11 - 1 所示的快速发展历程。[9] 硅谷现在有数以百计的公司是仙童公司的子公司，市值超过 2 万亿美元！

第 12 章　人工智能通过预测性维护防止机器停机

第 1 章讨论了全面生产维护（TPM）。"航空航天"公司的轴承故障并非总是由于缺乏润滑或设备制造商的排屑设计不当造成的。中岛关于 TPM 的三卷本书帮助你解决这些问题。然而，一个维护良好的轴承最终将进入其"寿命结束"阶段，并由于在持续的压力下产生的表面裂纹**剥落**而失效。随着车床的转速在过去 10 年里翻了一番多，这个问题也越来越严重。更高转速的好处是减少了单位作业时间，消除了铝零件上的"颤振"。图 12-1 中的喷气发动机机油分离器在 Multus 上以 2 000 转/分的转速加工，而在 Okuma LT 车床上以 400 转/分

的转速加工。现代车床的铣削电机的峰值功率已从 5 马力增加
到 25 马力，从而增加了轴承上的推力。此外，Multus 机器的
刚度允许更高的公差水平和更窄的标准偏差。这些进步都会导
致技术相对静止的轴承推力压力增加。

图 12 - 1　喷射机油分离器

图片来源：迈克尔·乔治。

　　此外，"航空航天"公司的供应链由于对更省油的发动机
的需求而面临压力，计划外停机对这台价值 1 500 万美元的发
动机的发货是一个重大威胁："帝国因为缺少一颗钉子而失
败了。"

　　像 Okuma Multus 这样的现代车床花费了近 100 万美元。
因此，购买备用机器从经济角度来说是不明智的。精益六西格
玛"最佳实践"测量出的温度和转矩所需的轴承不再足以预测
轴承的剩余寿命。轴承故障的问题在流程工业中更为严重，因
为大型工厂可能只生产一种化学品。可能它没有设置，但轴承

泵、搅拌器等中有数以百计的轴承。TPM 试图开发定期润滑和监测轴承。预测维护试图通过分析剥落的振动频谱来补充这种预测性维护。

测量振动

振动数据的频谱，即基波和谐波，已经被发现是轴承寿命的有效预测因子（见图 12 - 2）。

图 12 - 2   振动监测仪

注：许多类型的振动监测仪是可用的。这是 Fluke 公司的一个典型例子。

实际的振动数据可以用来"训练"一个神经网络以帮助预估轴承剩余的寿命。不难发现，超过 80% 的预测是在实际轴承寿命的 20% 以内。这种强烈的相关性是由于故障机制的物理性。

使用振动分析的意义在于找到轴承的退化过程。即使是经过适当润滑的轴承，高压最终也会导致其表面缺陷，最终导致轴承表面剥落。轴承在固定转速下的旋转导致表面裂开，产生噪声。噪音越大，剥落越严重（见图 12 - 3）。

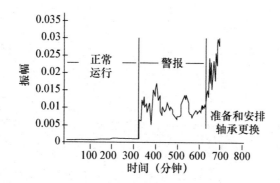

图 12 - 3　剥落频率的平均幅度

资料来源：IEEE Transactions on Industrial Electronics 51，no. 3.

回想一下，在作业车间调度的情况下（参见第 2 章），我们不知道如何解决找到运行 4 个零件号的理想序列从而使总设置时间最低的数学问题。相反，神经网络学习的是理想序列，而不是检查所有 10^{18} 个可能的序列。在这种情况下，我们甚至需要了解如何解决这个数学问题。如第 2 章所述：

神经网络的基本原理

若满足以下条件，则推荐使用神经网络：

1. 无法解决含有理想输出的方程，或者

2. 无法写出一个根据输入推导输出的算法。

因此，我们再次提供数据，以便神经网络能够估计轴承当前沿未知曲线的距离。我们可以使用一个工作轴承的当前工作时间来改进统计，例如，一个拉式组中 9 台相同机器的工作时间。数据将包括噪声、基波和谐波的振幅，以形成神经网络的训练集。当神经网络的反向传播在实际中发生的时候，我们必须关闭机器进行维护，否则机器会发生故障。之后，对于神经网络的输入权重进行校正，以减小神经网络预测运行时间与实际运行时间之间的误差。这也可以与许多制造商使用的 L_{10} 配方相比较。

当然，第一步是验证中岛所定义的精益六西格玛 TPM 过程是否得到完整的执行，并生成包括振动监测在内的有效数据。只有这样，应用神经网络来改进轴承寿命的估计才有经济意义。

我们专注于那些在石化、炼油和其他加工行业中具有重要意义的轴承的人工智能预测维护。人工智能使得预测性维护在任何行业都是可行的。越来越多的工业和学术中心致力于应用人工智能来实现实用的预测性维护工具。马里兰大学高级生命周期工程中心就是一个例子。一些预测性维护的应用程序不仅适用于解决轴承故障问题，还适用于有源和无源的电子元件、开关、模拟和数字电子设备以及电子封装。无论使用哪个应用程序，预测性维护都将发挥关键作用。

第13章 项目管理和产品开发中的人工智能

项目管理和产品开发有一个共同的特点：与制造过程不同，两个过程都没有独立于处理时间的设置时间。由于它们都缺少设置时间，因此式 2.4 中的在制品（WIP）数量和式 2.5 中的周期时间不再适用。因此，通过利特尔定律，这些过程的在制品数量和周期时间是由下面讨论的 Pollaczek-Khintchine 方程控制的。因为项目管理和产品开发都有一个关于在制品数量和周期时间的公共等式，所以它们被放在一起讨论。第 8 章已经讨论了产品开发所特有的一些神经网络工具。

项目管理范围很广，从建造酒店到开发新软件、新流程、飞机或武器系统。项目管理的一个常见问题是成本和时间问题。关于项目管理最好的书籍之一是弗雷德·布鲁克斯（Fred Brooks）的《人月神话》。布鲁克斯以布鲁克斯定律而闻名：

向一个延迟的项目增派人手只会使它更延迟。

主要的原因是，新加入的人员会稀释现有团队的努力，因为他们处于学习曲线的起点，因此会问很多问题，犯很多错误。布鲁克斯还讨论了 IBM System/360 和 OS/360 成功的主要因素，即有效沟通的重要性。这是第一次有多个终端可以与一台计算机通信。尽管成本超支巨大，但这个项目管理的成功是任何竞争对手都无法匹敌的，计算机行业变成了"IBM 和七个小矮人"。而《人月神话》（1975 年第一版）包含了一个到什么位置做什么工作的优秀的管理和沟通经验。除了强烈推荐阅读这本书之外，我们更愿意将注意力集中在布鲁克斯无法使用的项目管理工具上。正如 OS/360、Microsoft Office、Apple iPhone、X86/Pentium Intel 芯片等成功案例所证明的那样，对项目成本和周期时间的有效管理往往决定了一个公司的成败。

在第 2 章中，你了解了设置时间是如何影响在制品批量大小，并增加在制品的数量和浪费。在所有过程中，根据利特尔定律，在制品批量越大，则其生产周期越长。但是大多数与项目相关的任务，如计划、工程、预算、采购和合同管理，都没有设置时间，而且批量大小是一个定义，因为每个任务都是唯一的。相似之处在于，项目管理通常比制造业产生更多的浪费。在讨论神经网络对减少捕获的浪费和项目管理的周期时间的贡献之前，让我们首先回顾一下控制项目管理和产品开发周期时间的公式。

　　所有的项目都包括完成一系列任务。让我们假设项目经理和他的团队有 90 个正在处理的任务，平均每周完成 12 个任务。这个团队目前的周期时间是多少？这个周期时间受利特尔定律控制（参见第 1 章）：

$$周期时间 = \frac{正在进行的任务数量}{每周完工数量} \qquad (式\ 13.1)$$

$$= \frac{90}{12}$$

$$= 7.5\ 周$$

　　被执行的任务和被执行的工作对制造业来说是相通的，但通常不作为同一批产品处理。相反，每个任务都没有设置时间，并且每个单元的处理时间对于这个任务来说都是唯一的，结果是周期时间不受式 2.5 的制约。

　　控制项目管理过程中任务数量的方程式是 Pollaczek-Khintchine（P-K）方程式[1]：

$$\begin{matrix} 正在进行的 \\ 任务数量 \end{matrix} = \left(\frac{1}{K+1}\right)\left(\frac{\rho^2(1+Z)^2}{1-\rho(1+Z)}\right)\left(\frac{C_S^2+C_A^2}{2}\right)$$

　　其中，$\rho =$ 最大排产产能百分比

K＝跨部门训练的人员平均数

Z＝必须返工的任务百分比（Z＝1.0→100％）

C_A＝任务到达的变异系数

C_S＝完工所需时间的变异系数

C＝变异系数＝标准差/平均数＝$\dfrac{\sigma}{\mu}$

术语讨论：

ρ：我们假设所有人员每周工作 40 小时。但正如我们预估的那样，如果每个人每周都安排大约 40 个小时的任务，达到布鲁克斯口中"不可思议的工作量"，我们一定会延迟交付。项目管理的问题是，完成一项任务所需时间的变化量远远大于生产一个成品的变化量，其后果将在下一节讨论。

K 是接受交叉培训以完成一项以上任务的平均人数。如果 K＝1，那么两个人可以同时执行这些任务。同时两个人都很忙，且任务必须在队列中等待的概率变成了过去的一半，因为现在是两人共同处理。

Z 是任务必须完全重做的比例（保留小数的平均百分比）。在制造业，这个数值通常少于 5％（在单元生产中）和 3％（占制造成本），但在项目管理中很容易就达到了 100％，区别主要取决于初始范围和沟通的有效性。

C_S：在项目管理中，变异系数通常是任务特征和个人智力和创造力的函数。

在制造业中，在具有足够容量的机器上，任务遵循其良好的工作指令分配，并且使标准偏差远远小于平均值。项目任务经常出现两倍于平均值的标准偏差。注意，在 P-K 方程中，这将导致在第三个因子里 $C_S = 2^2 = 4$。

C_A：任务到达率通常服从指数分布，恰好有 $\sigma = \mu$，因此 $C_A \cong 1$。

每周工作 40 小时的灾难性影响

项目经理估计完成一项工作需要 40 个小时，并发现他的一名员工在周一上午有空。他能指望这名员工在星期五下午前完成这项工作吗？计划任务时间与实际任务时间的差异系数约为 $\pm 70\%$。直觉上，人们可能认为越早开始越有希望尽早结束这个任务。但实际上，这种想法并没有考虑到当大量不同的作业同时到达或者其他工作堆积在小批量的任务后面，等待其完成的排队时间。在相反的情况下，一个项目工程师可能会亟须一件任务，没有什么比因为缺少工作或工具而浪费一个小时更糟糕的了。这个例子再次证明了数学远比直觉可靠！变异系数对在建工程数量的影响由 P-K 方程确定。让我们把典型的项目管理参数代入到 P-K 方程中（见图 13 - 1）。

当项目团队完成估计时间超过其每周 40 小时的 85% 的任务后，可以将 3 天的周期时间快速转换为 2 周的周期时间，使利用率达到 95%。我给一个喷气发动机制造商的工程团队做了这个演示。其中的一位经理后来告诉我说，他们的日程安排

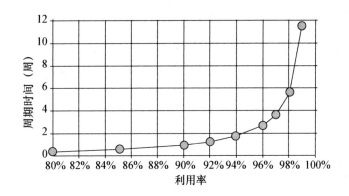

图 13 - 1 周期时间迅速增加且利用率提高

得满满当当，但还是无法避免延迟交付，为了解决这个问题，他们尝试招聘更多的工程师，并且让他们加班。但布鲁克斯定律指出，新人的培训和沟通互动会削弱经验丰富的团队的效率，无法解决项目延迟的问题。为员工安排 15％的闲置时间是一个比加班更好的解决方案，只要在最开始稍稍超编就可以实现。闲置时间将用于处理无法预见的问题，并提高按时完成项目和客户承诺的准确率，从而获得竞争优势。闲置时间实际上是免费的，因为如果周期时间晚于计划，项目团队的成本无论如何都会增加，公司也会因为收入延迟而使 EBITDA 遭受损失。

非制造过程的项目管理具有以下属性：

1. 成本随着周期时间的增加而增加。

2. 同样的任务很少会完全重复。

3. 计划任务时间与实际任务时间之间有很大的差异。

4. 项目和人员被分隔，导致工作重复。

5. 风险来自对成本和完成时间的"乐观"估计，导致：

6. 数学模型（PERT/CPM、信号流图等）的周期时间往往较低，约为 40％。[2]

大多数像 PERT/CPM 这样的数学调度模型并没有反映出返工迭代和缺勤率对周期时间的影响。信号流图在考虑重复工作迭代的影响方面做得更好（见图 13-2 中的 a_{22}），但是没有考虑到利用人工智能所揭示的公共模式的好处。

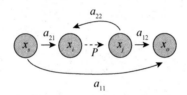

图 13-2　返工迭代的影响

信号流图[3] 是信息理论之父克劳德·香农于 1942 年发明的。如果他老人家还健在的话，我相信他会把神经网络纳入他的理论。

神经网络的基本原理

若满足以下条件，则推荐使用神经网络：

1. 无法解决含有理想输出的方程，或者

2. 无法写出一个根据输入推导输出的算法。

项目管理是神经网络的一种应用。

用于项目管理的神经网络

到目前为止，我们已经提供了在项目管理中使用 P-K 方程计算非制造过程周期时间的定量方法，这是必要的第一步。假设可以从先前的数据估计变异系数 C_s。从实际的角度来看，将估计的任务时间安排在每周 40 小时任务量的 80％将使你保持在 P-K 方程的平坦部分。这 80％ 必须包括返工迭代和缺勤率，这个比例在项目管理中比在制造业中高得多。

下一个主要步骤需要许多公司在 ERP 系统中保留的数据，这些数据在大多数当前的项目调度中不能被有效地使用。人工智能的工作原理是找到它们中相似的模式，并利用这些相似之处来降低成本和缩短周期时间。在第 1 章中，设置时间是制造过程中浪费的很大一部分，只有人工智能神经网络可以通过结合零件号和常用的工具来消除这些浪费。在非制造项目的项目管理中，我们寻找过去的工作经验中可能存在的通用工作模式。查看不同团队的子项目，以找到共同的模式，这样两个团队就不会重复做同一件事。

需要管理层参与

作为项目任务常见模式的一个例子，考虑一下开发复印机的施乐 Palo Alto 研究中心（PARC）的情况。[4] 每台复印机都需要一个控制器和调度器。曾经有 8 个不同的产品团队分别编写他们自己的控制器/调度器软件，而在另一项研究中，则总共有 10 个团队。项目工程师估计，多达 90% 的代码可以在所有 10 台机器上重复使用，从而大大减少了总的编码周期、成本和生命周期成本。所有 10 个团队的工程师都支持组建一个专家"控制器/调度器"软件团队，为所有 10 个项目编写通用代码。然而，他们的团队领导普遍反对共同的编码工作，因为他们认为这种工作是在帮助其他人而自己没有回报，并且可能会导致他们错过约定的完成日期。

然而，PARC 的马克·韦伯斯特（Mark Webster）和大约 20 名工程师被选出并成立了这个专家软件团队。他们用了三天的假期时间见面并开始设计平台。马克替那些经理不愿意支付机票的工程师付了机票钱。会议证明了这个理念的优异，因而下一次会议吸引了 100 名工程师参加。通用代码占比高达 95%，经理们最终妥协了。如果没有 Palo Alto 研究中心的创业氛围，这种不现实的大团圆结局就不会发生。

本书的主要目标之一是通过支持下面概述的这些创新努力来吸引高级管理层的注意，使他们"走上正轨"。实际上，一个团队取代了 10 个独立的控制器/调度程序代码编写器，这比 10 个独立团队的总数要小得多。这通常需要一个矩阵管理模型，其中 10 个团队是专家团队的客户。

数据挖掘过去的项目

大多数 ERP 会计系统都对过去所有项目的工资成本、相关人员的姓名等数据进行了很好的保存。ERP 系统也可能包含对工作的描述，这需要相关人员给出更详细的定义。最重要的数据是每个任务的"计划时间"与 ERP 会计软件包中记录的"实际时间"的差值。如果有一个任务的版本被重复，我们可以检测神经网络应用前后学习率的差值。

因此，项目及其子项目的处理方法与第 7 章相同。类似任务的数量被当作我们使用神经网络常用工具来处理。在一个时间段内具有类似子任务的任务将被分组在一起，由一个专家团队负责生产，正如在施乐示例中所做的那样。其中提到的学习曲线是正确的，因为大多数可变项目成本与劳动力成本相关。学习成本百分比等于诸如控制器/调度程序等任务之间的通用性百分比。学习曲线诞生于 20 世纪 30 年代的航空工业，在那里人们发现，数量每增加一倍，劳动力成本就会下降 20%。这是飞机产量增长的一个主要因素，飞机产量从 1939 年的 3 000 架增加到 1943 年的 84 000 架。产量翻了 5 倍，导致劳动力下降为原来的 $0.8^5 = 0.32$，降幅达 67%。以项目管理为例，如果发现两个任务有 90% 的共同性，第一个单元将拥有 100% 的成本，第二个单元和后续单元将拥有 10% 的原始成本。因此，项目任务的学习曲线比制造业 20% 的学习曲线陡峭，但也只有 1 到 2 倍（见图 13 - 3）。学习"曲线"实际上是一个量化的阶跃函数，因为一般任务的数量相对较少。

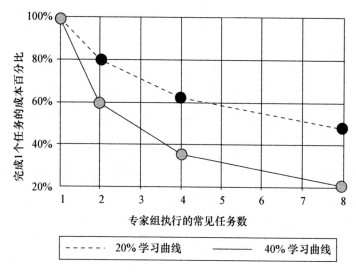

图 13 - 3　学习曲线

神经网络的输入

与第 7 章一样，目标是在满足客户计划的同时最小化总成本。因此，神经网络需要日程安排和在每个时间段要完成的任务。然后，它将基于数据挖掘搜索任务的常见模式，并应用先验方差和至少两条基于一批相似作业中作业数量的学习曲线。将该批项目的总处理时间与客户和项目进度需求进行比较（参见第 3 章）。通过输入最坏情况下的任务时间方差来确定潜在的成本超支（风险度量），生成最终的周期时间分布。管理层必须积极主动地对任务进行评估，以确定其与现有流程或原型流程的共性，从而使项目任务的总体共性得以增长，并增强公司的"护城河"功能模式，如第 1 章所述。

小结

使成本和周期时间最小化的优化项目调度包含了作业车间制造问题中所有无法解决的复杂数学问题（参见第 2 章），但是相对于实际应用时间来讲，优化项目调度使得项目时间更加灵活。P-K 方程对周期时间的影响必须纳入项目管理和产品开发项目中。该神经网络利用项目任务的通用模式，并交由一个专家团队专门处理，专家团队通过学习曲线减少每个任务的时间，同时减少实际时间与计划时间的差异。需要矩阵管理来不断组建和拆分专家团队。

注释

前言

[1] Kai-fu Lee, AI Superpowers (Houghton Mifflin Harcourt, 2018), 9.

[2] Ibid. , 12.

[3] https://aws. amazon. com/government-education/de-fense/.

[4] "Companies Must Use AI—or Else," Wall Street Journal, October 24, 2017.

[5] P. Norvig and S. Russel, Artificial Intelligence (Pr-entice-Hall, 2010).

[6] https://www. whitehouse. gov/the-press-office/2017/07/21/presidential-executive-order-assessing-and-strengthening-manufacturing.

[7] https://www. nitrd. gov/news/national_ai_rd_strategic_plan. aspx.

[8] Klaus Schwab, The Fourth Industrial Revolution (New York: Crown Business, 2016), 1.

[9] https://chinacopyrightandmedia. wordpress. com/20-17/07/20/a-next-ge-

neration-artificial-intelligence-development-plan/.

[10] Derya Eren Akyol and G. Mirac Bayhan, "A Review on the Evolution of Production Scheduling with Neural Networks," Computers & Indus-trial Engineering 53 (2007): 95－122.

[11] https://www. oreilly. com/topics/ai.

[12] https://conferences. oreilly. com/artificial-intelligence/ai-ca/public/schedule/detail/71428.

[13] Kai-fu Lee, AI Superpowers (Houghton Mifflin Harcourt, 2018), 18.

[14] Ibid. , 20.

[15] A. Burgess, The Executive Guide to Artificial Intelligence (Macmillan, 2018), 1.

第 1 章

[1] John D. Rockefeller, Random Reminiscences of Men and Events (New York: Doubleday, 1909), 119.

[2] http://www. businessinsider. com/what-warren-buffett-looks-for-in-candidates-2017-1.

[3] https://en. wikipedia. org/wiki/Interquartile_range.

[4] Claude Shannon, The Mathematical Theory of Communication (University of Illinois Press, 1971).

[5] John D. C. Little, "A Proof for the Queuing Formula: $L = \lambda W$," Operations Research 9 (3): 383－387 (1961).

[6] Peter Drucker, The Effective Executive: The Definitive Guide to Getting the Right Things Done (New York: HarperCollins, 1967).

[7] Shigeo Shingo, Zero Quality Control: Source Inspection and the Poka-Yoke System (New York: Productivity Press, 1986).

[8] Seiichi Nakajima and Norman Bodek, Introduction to TPM: Total Produc-

tive Maintenance (New York: Productivity Press, 1988).

[9] Michael L. George, Lean Six Sigma for Service (New York: McGraw-Hill, 2003), 42-46.

[10] Personal comment from Heim to Mike George Sr.

第 2 章

[1] Kai-fu Lee, AI Superpowers (Houghton Mifflin Harcourt, 2018), 25.

[2] Ibid. , 50.

[3] Ibid. , 55.

[4] George, Lean Six Sigma for Service.

[5] William Stevenson, Operations Management (New York: McGraw-Hill, 2008, with later editions available).

[6] Shigeo Shingo, Zero Quality Control.

[7] Seiichi Nakajima and NormanBodek, Introduction to TPM: Total Productive Maintenance (New York: Productivity Press, 1988).

[8] Quotation provided by Tim Griffin, Chief, Air Force CPI Standards &. Methods, SAF/MGM.

[9] A. Papoulis, Probability, Random Variables, Stochastic Processes (New York: McGraw-Hill, 2002).

[10] https://dspace. mit. edu/handle/1721. 1/39681.

[11] Shingo, Zero Quality Control.

[12] S. French, Sequencing and Scheduling: An Introduction to the Mathematics of the Job-Shop (New York: Wiley &. Sons, 1982), 19.

[13] https://fenix. tecnico. ulisboa. pt/downloadFile/37-79579590446/CIP_Job_Shop_2013. pdf.

[14] https://en. wikipedia. org/wiki/NP-hardness.

[15] French, Sequencing and Scheduling, 12.

［16］John D. Little andKatta G. Murty et al. ，"An Algorithm for the Traveling Salesman Problem，" Operations Research 11，no 6 （1983）：972−989，https：//doi. org/10. 1287/opre. 11. 6. 972.

［17］John D. C. Little，Branch and Bound Methods for Combinatorial Problems （Leopold Press，2015）.

［18］MIT Technology Review 121，no. 4 （July/August 2018）：57−61.

［19］https：//en. wikipedia. org/wiki/Carver_Mead.

第 3 章

［1］https：//www. thecrimson. com/article/1981/5/15/holton-in-jeffersonlecture-criticizes-science/.

［2］https：//www. npr. org/2018/01/04/575114570/robust-apprenticeship-program-key-to-germanys-manufacturing-might.

［3］MIT Technology Review，July-August 2018，60.

［4］https：// www . google . com /search ？ q＝inflation＋rate＋2018 & oq＝inflation＋rate＋&aqs＝chrome . 1. 69i57j0l5 . 7858j1j8 & sourceid＝chrome & ie＝UTF-8.

［5］Andrew Burgess，The Executive Guide to Artificial Intelligence：How to Identify and Implement Applications for AI in Your Organization （New York：Palgrave Macmillan，2018），1.

［6］Andrew Carnegie，The Autobiography of Andrew Carnegie and the Gospel of Wealth （New York：Signet，2006）.

［7］Ibid.

［8］https：//en. wikipedia. org/wiki/Ford_Model_T♯Mass_production.

［9］Michael L. George，James Gooch，and Douglas Montgomery，America Can Compete! （University Park，TX：SMU Press，1986），182−183.

［10］http：//www. autonews. com/article/20030616/SUB/306160740/model-a-isa-smashing-but-short-lived-success.

[11] Peter Drucker, Concept of the Corporation (New York: New American Library, 1964).

[12] Taiichi Ohno, The Toyota Production System (New York: Productivity Press, 1978), 1.

[13] George, Gooch, and Montgomery, America Can Compete!, 211−214.

[14] Shingo, A Revolution in Manufacturing; Jeffrey Liker, The Toyota Way: 14 Management Principles from the World's Greater Manufacturer (New York: McGraw-Hill, 2004), 193.

[15] https://hbr. org/2009/09/nummi-what-toyota-learned.

[16] https://www. forbes. com/2010/03/08/saturn-gm-innovation-leadership-managing-failure. html♯7d62b4af6ee3.

[17] Ibid.

[18] https:// www . forbes . com/sites/quora/2013/06/24/why-do-all-auto-makers-not-copy-the-toyota-way-in-order-to-be-as-reliable-as-toyota/ ♯65f1d6b97e87.

[19] http://www. autonews. com/article/20080914/OE-M/309149828/lopez-moved-from-cost-cut-hero-to-defector-and-alleged-thief.

[20] http:// www . nytimes . com /1989/03/26/magazine/gm-vs-ross-perot− breaking-up-is-hard-to-do . html ? pagewanted=all.

[21] http://www. slate. com/articles/business/moneybox/2005/12/gms _ boardis_bad. html.

[22] Michael L. George, Lean Six Sigma: Combining Six Sigma Quality with Lean Production Speed (New York: McGraw-Hill, 2002), 49.

[23] Taiichi Ohno, Toyota Production System.

[24] George, Lean Six Sigma, 85 (Chapter 2).

[25] Andrei Perumal and Stephen Wilson, Growth in the Age of Complexity

（New York：McGraw-Hill，2017）.

［26］Liker，Toyota Way.

［27］https：//leehamnews. com/2018/09/03/pontifications-supply-chain-melt-
down- to-get-worse-says-manufacturer/.

［28］. "Companies Must Use AI—or Else," Wall Street Journal, October
24，2017.

［29］Schwab，Fourth Industrial Revolution (Crown Business，2017).

［30］Clayton Christenson，The Innovator's Dilemma：When New Technolo-
gies Cause Great Firms to Fail (Brighton，MA：Harvard Business Review Press，
2016).

［31］Schwab，Fourth Industrial Revolution.

［32］John D. Rockefeller，Random Reminiscences of Men and Events (New
York：Doubleday，1909)，46.

［33］Nevins，Allen，Study in Power (New York：Scribner's，1953)，87-89.

第 4 章

［1］Investor's Business Daily，November 27，2017，A1.

2. "Forrester's Global Business Technographics Survey of 2017," as quoted in
the Wall Street Journal，October 24，2017，R9.

［3］Taiichi Ohno，The Toyota Production System (New York：Productivity
Press，1978)，1.

［4］Shingo，A Revolution in Manufacturing；Jeffrey Liker，The Toyota Way：
14 Management Principles from the World's Greater Manufacturer (New York：
McGraw-Hill，2004).

［5］https：//www. militaryaerospace. com/articles/2007/09/emerson-buys-m-
otorolas-embedded-communications-computing-business. html.

［6］"W is for Winter," AI Expert Newsletter，archived November 9，2013.

[7] Stuart Russell and Peter Norvig, Artificial Intelligence: A Modern Approach (New York: Prentice-Hall, 2010).

第 5 章

[1] Jeffrey Liker, The Toyota Way (New York: McGraw-Hill, 2004), 151.

第 6 章

[1] Simon French, Sequencing and Scheduling: An Introduction to the Mathematics of the Job-Shop (New York: Wiley & Sons, 1982).

[2] https://archive.org/details/algorithmfortrav00litt.

[3] https://www2.seas.gwu.edu/~simhaweb/champalg/tsp/tsp.html.

[4] https://cs.stanford.edu/people/eroberts/courses/s-oco/projects/neural-networks/History/history1.html.

[5] https://www.nytimes.com/2000/04/25/science/rewired-ferrets-overturn-theories-of-brain-growth.html.

[6] http://images.nvidia.com/content/volta-architectu-re/pdf/volta-architecture-whitepaper.pdf.

[7] Michael Taylor, Neural Networks (Blue Windmill Media, 2017), Chapter 19.

[8] Taylor, Neural Networks, Chapter 20.

第 7 章

[1] Stuart Russell and PeterNorvig, Artificial Intelligence: A Modern Approach (New York: Prentice-Hall, 2010).

第 8 章

[1] Banu Calis and Serol Bulkan, "A Research Survey: Review of AI Solutions Strategies of Job Shop Scheduling Problem," Journal of Intelligent Manufacturing 26, no. 5 (October 2015): 961−973; Derya Eren Akyol and G. Mirac Bayhan, "A Review on Evolution of Production Scheduling with Neural Networks," Comput-

ers & Industrial Engineering 53, no. 1 (August 2007): 95−122; Derya Eren Aky-
ol, "Application of Neural Networks to Heuristic Scheduling Algorithms," Com-
puters & Industrial AI Engineering 46, no. 4 (July 2004): 679−696; Ahmed El-
Bouri, Subramaniam Balakrishnan, and Neil Popplewell, "Sequencing Jobs on
a Single Machine: A Neural Network Approach," European Journal of Opera-
tional Research 126, no. 3 (November 2000): 474−490.

[2] https://harishsnotebook. wordpress. com/2015/10/11/100-visual-inspec-
tion-being-human/.

[3] Michael L. George, David Rowlands, et al. , Lean Six Sigma Pocket Tool-
book: A Quick Reference Guide to 100 Tools for Improving Quality and Speed (New
York: McGraw-Hill, 2005), 142−146.

[4] Andrei Perumal and Stephen Wilson, Growth in the Age of Complexity
(New York: McGraw-Hill, 2017).

第 9 章

[1] Michael L. George, David Rowlands, et al. , Lean Six Sigma Pocket Tool-
book: A Quick Reference Guide to 100 Tools for Improving Quality and Speed
(New York: McGraw-Hill 2005).

第 10 章

[1] Brenton R. Clarke, Robustness Theory and Application (New York: Wi-
ley, 2018).

[2] Bernard M. Bass, Leadership and Performance Beyond Expectations (New
York: The Free Press, 1985).

第 11 章

[1] https://www. nap. edu/read/11134/chapter/12#168.

[2] Matthew J. Ward, "Fab Cycle Time Improvement Through Inven-tory
Control: A Wafer Starts Approach," 40, https://dspace. mit. edu/bitstream/han-

dle/1721. 1/39681/17-5297108-MIT. pdf; sequence=2.

［3］ http://www. tsmc. com/english/dedicatedFoundry/manufacturing/engineering. htm.

［4］ https://en. ctimes. com. tw/DispNews. asp? O=HK0-AP5TCHPCSAA00N6.

［5］ Arnold Thackray, David Brock, and Rachel Jones, Moore's Law: The Lifeof Gordon Moore, Silicon Valley's Quiet Revolutionary (Philadelphia, PA: Basic Books, 2015), 246-247.

［6］ LarsMönch, John W Fowler, Stephanie Dauzere-Peres, et al. , "Sched-uling Semiconductor Manufacturing Operations: Problems, Solution Techniques , and Future Challenges," Multidisciplinary International Conference on Scheduling: Theory and Applications (MISTA 2009), August 10-12, 2009, Dublin, Ireland, https://pdfs. semanticscholar. org/7c39/b20c40564e5acc487f67106482a167059586. pdf.

［7］ Eugen Merzbacher, Quantum Mechanics (New York: John Wiley, 1961), 97-102.

［8］ http://www-personal. umich. edu/~sunkai/teaching/Winter_2013/chapter07. pdf.

［9］ Micharl Riordan and Lillian Hoddeson, Crystal Fire: The Invention of the Transistor and the Birth of the Information Age (New York: W. W. Norton, 1998).

第 12 章

［1］ Randolph W. Hall, Queueing Methods: For Services and Manufacturing (New York: Prentice-Hall, 1991), 151.

［2］ S. D. Eppinger, M. V. Nukala, and D. E. Whitney, "Generalised Models of Design Iteration Using Signal Flow Graphs," Research in Engineering Design 9 (1997): 112-123.

［3］ L. Robichaud et al. , Signal Flow Graphs and Applications (Prentice-Hall,

1962).

［4］Michael L. George, James Works, and Kimberly Watson-Hemphill, Fast Innovation: Achieving Superior Differentiation, Speed to Market, and Increased Profitability (New York: McGraw-Hill, 2005), 122.

人工智能

国家人工智能战略行动抓手

腾讯研究院　中国信息通信研究院互联网法律研究中心 著
腾讯 AI Lab　腾讯开放平台

政府与企业人工智能推荐读本。

人工智能入门，这一本就够。

2017 年中国出版协会"精品阅读年度好书"，中国社会科学网 2017 年度好书，江苏省全民阅读领导小组 2018 年推荐好书。

5G 时代

什么是 5G，它将如何改变世界

项立刚　著

一本把 5G 讲清楚的书。

看懂科技新趋势，发现未来新机遇。

国际电信联盟秘书长赵厚麟作序推荐，工信部、中国移动、中国联通、华为、高通中国、爱立信、英特尔、GSMA 等机构的领导专家联袂推荐。

5G 机会

5G 将带来哪些机会，如果把握

项立刚　著

我们不仅要知道 5G 是什么，更要悟出我们能用 5G 干什么。

一本帮你寻找 5G 机会的书。

重庆市原市长黄奇帆作序，工信部、移动、联通、电信、华为、高通、英特尔等领导专家力荐！

新基建

中国经济新引擎

盘和林　胡　霖　杨　慧　著

新基建新在哪儿？怎么建？机会在哪儿？

一本书读懂新基建。

中国工程院院士，腾讯、京东、百度等专家学者力荐。

图书在版编目（CIP）数据

人工智能与精益制造/（美）迈克尔·乔治等著；孙卓雅，孙建辉
译. —北京：中国人民大学出版社，2020.11
ISBN 978-7-300-28310-4

Ⅰ.①人⋯ Ⅱ.①迈⋯②孙⋯③孙⋯ Ⅲ.①人工智能-应用-制造工
业-工业企业管理 Ⅳ.①F407.406-39

中国版本图书馆 CIP 数据核字（2020）第 115758 号

人工智能与精益制造

[美]　迈克尔·乔治　　　　　　　　　　著
丹尼尔·布莱克维尔
小迈克尔·乔治
迪内什·拉詹

孙卓雅　孙建辉　译
Rengongzhineng yu Jingyizhizao

出版发行	中国人民大学出版社		
社　　址	北京中关村大街 31 号	**邮政编码**	100080
电　　话	010 - 62511242（总编室）	010 - 62511770（质管部）	
	010 - 82501766（邮购部）	010 - 62514148（门市部）	
	010 - 62515195（发行公司）	010 - 62515275（盗版举报）	
网　　址	http://www.crup.com.cn		
经　　销	新华书店		
印　　刷	德富泰（唐山）印务有限公司		
规　　格	148 mm×210 mm　32 开本	**版　　次**	2020 年 11 月第 1 版
印　　张	8.875 插页 2	**印　　次**	2020 年 11 月第 1 次印刷
字　　数	169 000	**定　　价**	79.00 元